上海社科大师文库

吴蕴瑞全集

运动学
田径运动

上海体育学院 编

上海人民出版社

吴蕴瑞生平简介

吴蕴瑞(1892—1976),字麟若,江苏江阴人,我国著名体育教育家,一级教授,中国体育理论研究奠基人,中国近现代体育教育事业开拓者,新中国成立最早的体育高等学府“华东体育学院”(1956 年更名为“上海体育学院”)首任院长,曾担任中华全国体育总会筹委会副主任、中华全国体育总会副主席兼上海分会主席、中国体操协会主席、上海市体委副主任等。

2018 年,吴蕴瑞入选上海市社会科学界联合会评选的首批“上海社科大师”。

编 校 说 明

本次修订整理的《吴蕴瑞全集》共分四卷，基本收录吴蕴瑞先生存世能够搜寻到的所有已发表的专著和文章，第一二卷为专著，第三四卷为文章，均按照首次公开出版或发表的时间先后进行排序。其中专著部分，因部分著作于首次出版后又经修订再版发行，本次全集基本收录民国时期最后公开发行的版本，已保证吴先生作品的完整性；文章部分，则以内容主题为大类，根据发表的时间依次排列，收录确定为吴先生本人撰写、翻译或参与撰写、翻译的文章。

本次全集的编修，以保证吴先生著作原貌为基本原则，包括专著的体例、文字表述、插图、注释等。在编辑过程中，主要对显见的因印刷错误引起的文字、标点等讹误进行修订，核对并修正书中的外语专名等，并适当对一些现已废止不再使用的表达（主要为计量单位）作注解。

总　　序

1952年,新中国创建最早的体育高等学府“华东体育学院”在上海成立,吴蕴瑞先生受命担任首任院长。1956年学校更名为“上海体育学院”。至2022年,学校建校70周年。

吴蕴瑞先生于20世纪20年代开始投身于中国体育事业,是中国第一批体育专门人才。1924年,他以中国第一位体育专业官费留学生身份赴美深造学习,先在美国芝加哥大学医科主修人体解剖学与生理学,后转入哥伦比亚大学深造体育学,师从美国体育理论界权威人士韦廉士教授,后获得教育硕士学位。1927年春,由美赴英、法、德三国考察。回国后,先后执教于中央大学、东北大学、北平师范大学,其中担任体育科、系主任近10年。在他的带领下,中央大学体育系开创性地建立了较为系统、完备的现代高等体育教育教学体系,中央大学蓬勃开展的体育活动一时成为当时社会体育发展的风向标。

五四新文化运动前后,随着西方体育思想的不断流入,长期占主导地位的军国民体育思想遭到批判和反思。在此背景下,留美学者、自然体育思想的代表人物吴蕴瑞先生通过培养学生、著书立说,系统广泛地传播自然体育思想。吴蕴瑞先生主张“体育的本质目的在于教育人”“体育是教育和文化的一种形式和方法,是教育不可或缺的环节”,其自然体育思想逐渐为国人所认识和接受,成为现代中国学校体育教育的主流思想,扭转了当时以军国民体育思想为主导体育教育发展状况,至今仍有很强的指导意义。

吴蕴瑞先生坚持“身心一统”思想,他强调身体的健全与精神的完善须统为一体，应把强化体质与保持健康融于教育之中，在培养人的过程中增强体质，提高健康水平等观点，深刻揭示了体育与心理发展的辩证关系，充分体现了体育在促进人的身心和谐发展方面的独特价值。

吴蕴瑞先生率先提出“体育学术化”主张。他强调体育的科学教育和学术研究，呼吁“科学家应与体育家携手，已解决体育上一切疑难问题”。为此，他身体力行，将体育学术研究建立在解剖学、生理学、生物学、心理学、社会学等学科基础上，出版了中国第一部运动生物力学书籍《运动学》和《体育教学法》《体育原理》等专著，公开发表了数量众多的理论文章，对推进中国近现代体育理论体系建立和体育科学化研究进程，具有重要意义。

吴蕴瑞先生积极倡导体育的大众化和普及化。20 世纪初，中国体育发展目标不明，乱象丛生，国民体质衰弱状况未得到改善，吴蕴瑞怀着忧国忧民之心，批评当时盛行的选手制和锦标主义，倡导体育普及化发展之路，提出学校体育和全民体育的理念，并为此奔走呼号。1932 年，当时的教育部召开第一次全国体育会议，提请由吴蕴瑞、袁敦礼等起草《国民体育实施方案》，就如何发展国民体育制定了系列具体的措施与方法，其体育普及化理念由此影响深远。同时期，在中国近代体育史上还爆发了著名的“土洋体育之争”。在这场论争中，吴蕴瑞先生就如何对待“土体育”和“洋体育”的态度问题，发表了自己的真知灼见，对中国体育后来的发展方向产生了重要影响。

1952 年，吴蕴瑞先生受命组建新中国第一所体育高等学府，在国家百废待兴之际，为学校建校立基辛苦耕耘，遵循“身心一统、德技相长、文理兼修、服务社会”的办学思想，倡导“严谨笃实、悉心治教、为人师表、教学相长”的教风，推崇“博学、审问、慎思、明辨、笃行”的学风，引进高水平师资队伍，亲自抓教学计划、教学大纲的编制，高度重视人才培养和科学研究，完成了大量开创性工作，为学校后续发展奠定了坚实基础。1981 年，学校成为我国首批硕士学位授予单位。1986 年，学校成为我国体育院校首批博士学位授予单位。2017 年，学校入选国家首批“双一流”建设高校地方高校和上海市高水平建设序列。

在多方共同努力下，尤其在上海市委宣传部、上海人民出版社大力支持下，

《吴蕴瑞全集》得以顺利出版，在此表示衷心感谢。

2022 年是上海体育学院建校 70 周年，也是吴蕴瑞先生诞辰 130 周年。谨以此纪念吴蕴瑞先生为上海体育学院建设发展作出的巨大贡献，向吴蕴瑞先生致敬！

上海体育学院院长 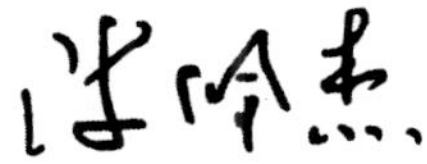

2022 年 10 月

总 目

专著：

文章：

本册目录

运 动 学

本书初版由商务印书馆于1930年3月发行，1933年9月修订后再版发行。本次收入全集的为1933年版。

序

《运动学》,一名《人体机动学》。英名为“kinesiology”。一新创之科学也。发达不早。在一八九五年,瑞典体育家 Baron Nils Posse,著有 “Special Kinesiology”一书。专将瑞典操及器械体操,分为若干基本动作。《应用解剖学》,详注各动作所用之肌肉。虽材料无多,方法简单,而体操之应用解剖,此实为其嚆矢。

一九〇九年,美国体育家 William Skarstrom,亦瑞典派也。著有“Gymnastic Kinesiology”一书。内容亦含瑞典体操,器械体操,而间以天然活动一二种。各基本动作,亦如 Posse 氏之主以肌肉外,各基本动作之互相牵制,各肌肉收缩放松之互相调节等,莫不论之精详。故 Posse 氏所注之肌肉,只有动肌(motor muscle)一种,而氏则更有引导肌(guiding muscle),住定肌(steading muscle),反对肌(antagonistic muscle)等名称。以解剖学而应用于体操之书,当以此为第一。然力学方面完全抛弃。对于改正体操,固多可取之处;而于学习运动、指导运动,则毫无助力也。

一九一九年,美国体育家 Wilbur P. Bowen 著有 “Applied Anatomy and Kinesiology”一书。上半册为解剖学,下半册为人体机动学。于动作方面,加有田径赛动作及数种天然活动。其以肌肉解释动作,不若 Skarstrom 之详细。且力学方面应用无几,与 Skarstrom 之书,有同样缺点。

十年来,体育之目的改变,各体育家之主张亦异。动作采自然,方法取自动。凡一切太呆板少兴味之材料,如体操等,均在屏弃之列。所谓皮之不存,毛将焉附。上举各书,当然亦随潮流而为过去作品。此种材料,万不堪再用以敷衍后进之光阴。本书之作,一方揣摩当世之需要,所以供给有用之教材。一方希贯彻向来“体育学术化”之主张,俾科学家与体育家携手,以解决体育上一切疑难问题。尚望各科学家予以指正,各体育同志加以批评。作者从事研究之初,承吾师麦克乐先生多方指导,铭感肺腑,特志之以示不忘。

一九二九年九月自序于鸡鸣寺前

引　　言

今之谈运动者,每曰运动是一种技术,并非属一种学科,练习运动之外可无须应用科学。其议似是而非,不辩自明。夫建筑术也,何必讲究工程学;耕稼亦术也,何必研究土壤及肥料学;运动既属技术,援他种技术之例,亦有应用科学之可能。大抵科学未昌明,社会未进化时代,百业皆用非科学方法,而不觉其拙。及人类之欲望高,非高堂大厦无以餍其欲;人口之繁殖速,非增加生产,无以供其求;于是反而求诸科学,以谋卓越之进步。建筑及耕稼然,运动亦何独不然?二十年前,学校视运动为随意功课。跑之迟速,跳之远近,漠不介意。及远东运动会及世界运动会产生,始觉吾国运动成绩,远逊他国。例如跳高,吾国成绩至多不过五呎十吋①,而世界以六呎八吋闻矣。撑竿跳高不过十一呎四吋,而世界成绩以十四呎闻矣。以后欲求进步,舍讲求方法;岂有他道哉?本年春,作者在中央体育研究会所出版之《体育杂志》中,登有《运动成绩的进步有限制的还是无穷尽的》一文,对于使运动进步之方法,作较深切之讨论。列举方法三条,其最重要者为应用力学,以求最有效力之方法。故应用力学之于运动,犹工程学之于建筑,土壤及肥料学之于耕稼,其重要可知。各国人士,误认运动纯为一种技术,无应用科学之余地。有科学根底而好事研究者,舍之而他求。有技术而以技术为能事者,每缺乏科学之基础,不知所以研究。遂致运动一门,无科学化之机会。运动落伍之訾议,良有以也。作者在六七年前,即有见及此。用

① “呎”为英尺的旧称,“吋”为英寸的旧称。

论理的方法研究运动学，其一采演绎方法，即以力学之公式及定律为中心，应用于各种运动，第一编应用力学，即由此产生；其二用归纳方法，分析各种运动，引用力学之公式及定律，以求适宜之方法，第二编运动，即由此编成。此作始于民国十一年，当时所得材料，极为有限。至十三年，则较备。十四五六游学欧美，知各国坊间尚无此项著作。在法国陆军体育专门学校，仅有某体育教授，抱同样之见解。当时由吾友严君济慈翻译，叙谈之下，颇为相得。近年来有无著作，不得而知。回国以来，益觉此书之重要。十七十八两年间，教授两次，增减颇多。然犹未敢信为有出版之价值。迫屡经友人之督促，体育科同学之要求，不容固拒。爰于十八年夏，用全副精神，修改整理，即成是本。稿脱后，复就正于胡刚复及倪志超二先生。胡为作者业师，倪系同学，皆物理专家也。校阅之余，允为作序，殊堪感谢。

是书第一编材料，已教过四次。据经验所及，可作大学体育科及体育专门学校之运动学之(或人体机动学)教科书。惟中多作者自化之公式，非豫修物理不易了解；第二编运动，尚缺球术拳术角力等，拟日后编续。惟本书所含田径运动，器械体操及游泳等，均参考德美两国运动书籍而作，凡各国运动名手所用之方式，莫不胪列净尽。终则根据力学，详加批评。他种运动书籍中，三言两语了事者，本书每讨论至数百字之多。无他，欲学者明其究竟，澈底了悟也。

是书编制，采提纲挈领方法。各项运动，已为详细分析。指导之时，可一目瞭然，教授极为便利。故本书又为运动指导员必备之书。

是书照片极多，皆表明各动作之真相。所插图画，均属全部动作。如推铅球，掷标枪等，各部动作，面面画到。不读文字，专看图画，亦能领略大概。故又可为中等以上各学校学生之运动参考书。

十八年九月澄江吴蕴瑞识于中央大学

目 录

第一编　应用力学

一　运动学之定义

运动学，一名人体机动学。以解剖与力学，解释各种运动之科学也。解剖所以论人体各部之构造与力之来源；力学所以论用力之方向，时间，速度等，使人体之各种运动合于力学之公式及定理，以生充分之效力。盖人体为一机械，其运动方法有合于力学原则之可能，而能依据力学以求得其最适宜之运动方法者也。为分工起见，是书专本力学立论，关于解剖问题略而不谈。

又史芥(Skarstrom)氏称运动学为“gymnastic kinesiology”，此乃专指体操而言。若加以田径赛及球戏、体操之动作，则须改田径赛为“gymnastic and athletic kinesiology”，今去“gymnastic”及“athletic”二形容字，总名之为运动学(kinesiology)可也。

二　质量(Mass)

物体中所含物质之量，为其物体所有之质量。质量者占有位置，能感触吾人之视觉，能受外力之作用。

质量与重量之区别　质量与地心吸力无关，重量则全视地心吸力之大小而变，譬如物体在太阳之面上，则重量为地上之二十八倍。若在地心中，则重量等于零。质量则各处不变。

三 运动之种类(Types of Motion)

一物质移动在一直线上者,谓之直线运动。反之若一物体移动,依一轴而回转者,谓之圆运动。人体上之活动,表于体外者,有直线运动亦有圆运动,而作用于体内者皆圆运动。例如以臂推球,就客观方面而言,球受直线之推动而前进。反之就主观方面而言,则是胸大肌牵引肱骨,三头肌牵引尺骨,二种圆运动也。故人体上之运动,由客观方面讲,有直线运动,有圆运动,由主观方面讲,则无一非圆运动也。故直线运动及圆运动均宜详细研究。

四 速度(Velocity)

速度者物体运动之时间率也。有下列二种:——

【甲】等速运动(uniform motion) 物体以相等之时间,以同一速度,过相等之距离之谓也。故以总时间除总距离,所得结果即为等速度。

$$V=\frac{S}{t} \quad \cdots\cdots\cdots\cdots (1)$$

由同种关系可得 $s=vt$ 及 $t=\frac{s}{v}$

即在不等速运动时,若所过之距离为 s,所费之时间为 t,则仍可由公式(1)算出其平均速度。例如赛跑,起跑时之速度,中途之速度,及终了时之速度,决不相同。今欲行长距离及短距离之比较。求其各平均之速度而比较之可矣。

【乙】不等速运动(non-uniform motion) 物体始动之后,速度刻刻变化,非逐渐增加,即逐渐减少。如物体之下坠及上掷是也。人体之运动,大半属不等速运动。故于加速度一项,不可不详细讨论。

五 加速度(Acceleration)

加速度为单位时间内所增加或减少之速度也。前者谓之正加速度,后者谓之负加速度。在人体运动时,及使物体或自己之身体运动时,常应用正加速度。在停止一球或接球之时,常应用负加速度。然而运动者往往不明正加速度之理,遂不能善为应用。所谓正加速度者,乃原有速度之上,更加以某种速度之谓。若原来之速度消失,虽后加以第二种速度,亦不成为加速度。

凡推重、掷重、起跑等运动,莫不应用加速度。今列举于下以明之。

【应用一】推铅球 推铅球之速度,有以下五种。

(一)前进之速度 在行动之车上向前掷球则较立于地上为远。因其已得向前移动之速度也。掷球之速度若相等,则在车上所掷者之比较远度,必与车之速度为正比例。推铅球时前进之后,如稍停顿,其前进之速度消失,则成绩必与立定掷球无异。故运动者欲知其前进之动作有无发生效力,可与立定掷球比较,如所差不多,则前进之速度必已消失。欲前进之速度不消失,右足前跑时,左足须举起,与上体成一直线。单足跳后,身体随即向前摆动而左足落地。身体稍下蹲,再加以跳之动作。若右足前跳之后,左右足同时落地,或稍停止之后再行跳起,则前进之速度消失。

(二)伸腿与转体之速度 此动作须继左足落地之动作行之,否则不合加速度之理。

(三)挺胸之速度 是动作须与转体之动作混合行之,否则不合加速度之理。

(四)伸臂之速度 伸臂之动作,须在挺胸将终时行之,过迟则失加速度之意。

(五)屈腕之速度 宜在伸臂未及最远方时发生,过迟则失加速度之意。

【实验一】令一班中之善推球者,行以下各种推法。

(一)专用屈腕之动作而推球。

(二)同上,加伸臂动作而推球,身体毫不转跳。

（三）同上，加转体之动作。

（四）同上，加交叉跳之动作。

（五）同上，加前进之动作。

记五种成绩而行比较。可以知各动作发生之效果，并可以知五者相并合之效果。

【应用二】掷铁饼。

（一）旋转之速度。

（二）伸腿之速度。

（三）转体挺胸之速度。

（四）甩臂之速度。

（五）腕转动之速度。

【应用三】掷枪。

（一）跑之速度。

（二）伸腿之速度。

（三）转体挺胸之速度。

（四）臂掷之速度。

（五）屈腕之速度。

【其他各种应用】如掷室内棒球、篮球及打网球发队球等，欲得极大之速度，皆当应用是理。

【甲】加速度之公式　设 V_0 为物体开始运动时之速度。V 为最后之速度，t 为经过之时间。a 为加速度。则

$$a=\frac{V-V_0}{t} \quad \cdots\cdots \quad (2)$$

而

$$V=V_0+at \quad \cdots\cdots \quad (3)$$

【乙】等加速度之公式　因所得之速度相等而为一常数。故平均速度为初速度与终结速度和之半。距离 S，即平均速度与时间之相乘积也。

$$S=\frac{V+V_0}{2}t \cdots\cdots (4)$$

以公式(3)V之值代入(4)则得

$$S=\frac{2V_0+at}{2}t=V_0t+\frac{1}{2}at^2 \cdots\cdots (5)$$

(2)与(4)相乘则得

$$aS=\frac{V^2-V_0^2}{2}$$

或

$$V^2=V_0^2+2aS \cdots\cdots (6)$$

若初速度为零,(3)(5)及(6)可变为

$$V=at \cdots\cdots (7)$$

$$S=\frac{1}{2}at^2 \cdots\cdots (8)$$

$$V^2=2aS \cdots\cdots (9)$$

六　有向量之合成与分解

(Addition and Resolution of Vectors)

【甲】有向量与无向量之分别

(一) 无向量只有大小,而无方向之关系。如一百立方呎之水,十兛[①]之糖,及五十分之时间,皆为无向量。凡容量,质量,时间,密度,能力等,皆属之。

(二) 有向量不但有大小且有方向。以是二量之合成,往往有任比其一小者,亦有比原二力之和小者。故二力作用于一物体,其效果未必等于二分力之和。例如一轮船在某时间内驶五英里。同时又为风吹动五英里。实驶之路,以两力之方向而断定其大小。凡移动距离,速度,加速度,及力等皆为有向量。

① “兛”即千克,旧时用法。

【乙】有向量之合成 无向量之相加,用加法可矣。有向量之相加,与方向大有关系。欲求其结果,不得不用几何方法解决之。有向量寻常用直线表明,其长短表力之大小,其角度表力之方向。

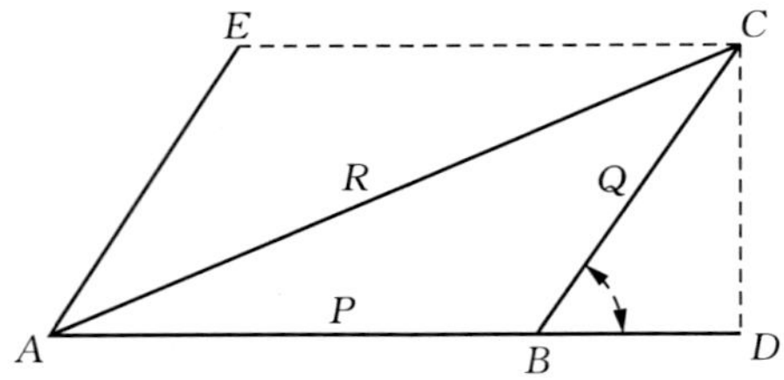

第一图

设 PQ 为二有向量以 AB, BC 二直线表之。物体可由两次相继之移动而由 A 到 C(即先由 AB 而后 BC)。其结果为 R。以 AC 表之。又有进者,设 A 一点同时有二速度之作用。一表以 AB,一表以 BC。则其合成速度为对角线 AC。是因 A 点在一秒之间以等速度沿 AB 线而进,而同时 AB 又依 BC 之方向平行移动,至 BC 之距离而止(由 B 至 C),故实走之路为 AC,即为 P, Q 两有向量之和,以三角形之第三线 AC 表明。欲知其值,可由下列边形之律求得。

二有向量,同时作用于一物体,可以平行四边形之相接二边表其大小及方向。其合成量之大小及方向,可以平行四边形之对角线表之。

其计算方法,可由上图而施之。设 θ 为二有向量间之角,则

$$
\begin{aligned}
AC^2 &= AD^2 + DC^2 \\
R^2 &= (P + Q\cos\theta)^2 + Q\sin^2\theta \\
&= P^2 + 2PQ\cos\theta + Q^2\cos^2\theta + Q^2\sin^2\theta \\
&= P^2 + 2PQ\cos\theta + Q^2(\sin^2\theta + \cos^2\theta) \\
\therefore\quad R^2 &= P^2 + Q^2 + 2PQ\cos\theta
\end{aligned}
$$

公式中 θ 之值,不论如何大小,皆得代入计算。设 $\theta = 0$,则 $\cos\theta = 1$,而 $R = P + Q$。若 $\theta = 90°$,则 $\cos\theta = 0$,而 $R^2 = P^2 + Q^2$。倘 $\theta = 180°$,则 $\cos\theta = -1$,而 $R = P - Q$。

【丙】有向量之分解 一有向量,可任意分成二任何方向之二有向量,与合

成适为相反。普通一有向量往往分为互成正交之二有向量。其一为有用之力，其方向与所欲之方向相同；其二与之成直角而与所欲之方向全无关系。

设有一秒八米之速度欲分为二速度。其一为每秒三米。求他一分速度。其法先画 AB 长三米，从 A 点作 AD 线，垂直于 AB。以 B 为中心，以八米为半径，作 mn 之圆弧。在 D 点与 AD 交。于是作一长方形 $ABCD$，AB 及 BC 为 BD 之分速度。其值可由直三角形 BDC 而求得之。

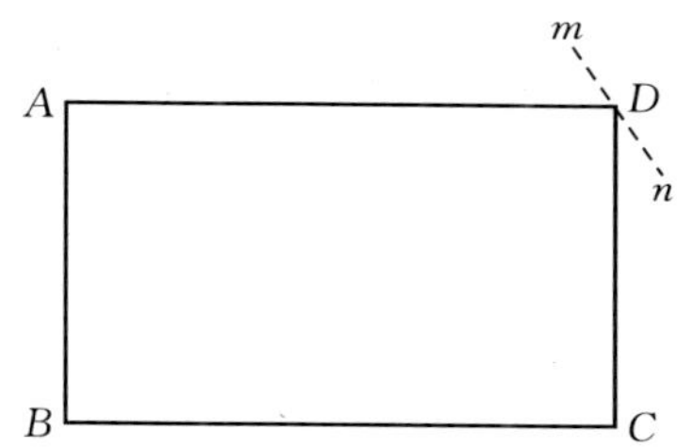

第二图

$$BC=\sqrt{8^2-3^2}=7.416$$

若求一分速度，知其与原速度成 θ 角，则更容易。即

$$BC=BD\ \cos\theta$$

【丁】蹬地时上传之力　在跳高、跳远及跑之摆动式中，常以脚跟先落地行蹬之动作。习运动者常以为此种动作，有震动大脑之弊，实则根据骨之构造，蹬地时上传之力，实为无多。盖蹬地之力量，第一步由跟骨传至胫骨，先分去一部份，所余者，比原来蹬地之力为小。例如第三图，为脚蹬地之情形，蹬地之力为 OA，上传之力为 OB，OA 及 OB 间之角为 θ，故 $OB=OA\cos\theta$，θ 角愈大则上传之力愈小。吾人跳高之时，θ 角大概在 20°—25°，上传之力量，大概为 0.9 有零。

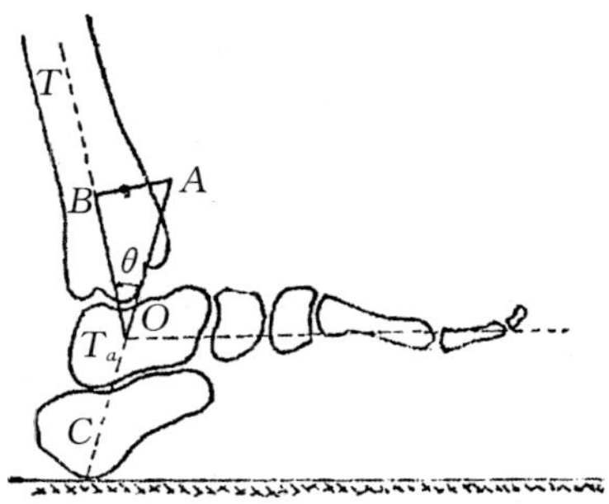

第三图

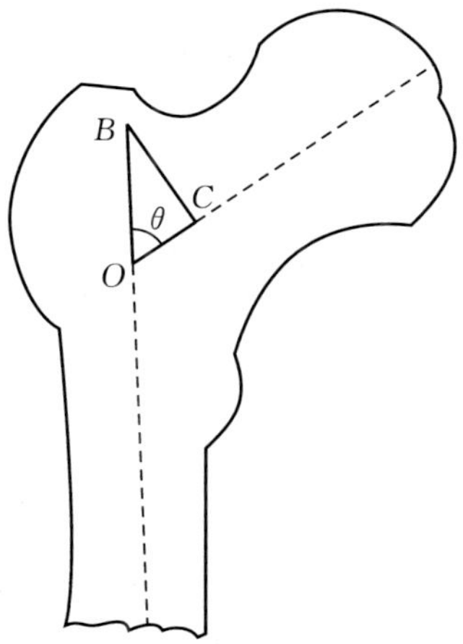

第四图

上述 OB 之力上传,尚有九成之多,所减无几。故股骨头颈与干之间,亦成相当之角度,使上传之力,再经一度之分析而减小。例如第四图,原来由踵上传之力为 OB 因股骨之干与颈之间成 θ 角,故上传之力 $OC = OB\ \cos\theta$。股骨间之角大约为 $60°$。故 $OC = OB \times 0.5$。设蹬地之力为 1,由脚跟传至胫骨者为 $1 \times 0.9 = 0.9$,假膝关完全伸直此 0.9 之震力,完全上传于股骨,则震力之传于盆骨者,只有 $0.9 \times 0.5 = 0.45$,已比原有之 1 小多矣。虽然蹬足之时,膝关节微屈,其中尚有力分去,由股骨上达者,已不及 0.45,而 0.45 之力,经脊体间软骨片之缓冲,尚有减轻震力之作用,上传于大脑者益少,故以脚跟落地之跑及跳,无伤害大脑之弊也。

七　运动量(Momentum)

运动量为速度与质量之相乘积,即

$$M = mv \quad \cdots\cdots\cdots\cdots (10)$$

运动量为质量与速度之相乘积,质量固定不变。故运动量全视速度之大小而变化。亦即视加速度之大小而变化。

运动量,当二物体之速度相等时,随质量之大小而变化。例如以网球掷人,速度虽大,而易受伤,但被掷者之身体毫不移动,因速度大而质量小也。反之以重而且大之药球掷人,被掷者虽不受伤,而身体为之冲动,因质量大而运动量亦大也。

八　冲力(Impulse)

被动方面所受之力,与其质量所乘之积为运动量($M = mv$)。在主动方面所发之力,与时间之相乘积为冲力($I = FT$)。冲力等于运动量

$$\therefore FT = mv \quad \cdots\cdots\cdots\cdots (11)$$

$$F = \frac{mv}{t}$$

欲得同大之运动量,则力与时间成反比例。如推一重物若欲片刻使之运动,则用力须极大;若徐徐使之运动,则用力较少;在停一重物亦然。例如接一药球,若立刻停止之,则需力极大;若用缩之动作,使停止之时间延长,则用力可较小,且不觉有何等之冲力。

九 运动之定律(Law of Motion)

【甲】第一定律 不论任何物体,若不加以外力,则静止者常保静止,运动者常保持其等速度,向一直线进行。故第一定律实为惰性。在下列四境遇中,可以见其作用。

(一) 由静止而至运动时 物体有静止之惰性作用。例如火车开时,吾人对开往之方向而立,常有向后倾倒之倾向,因足受火车之带动前进,而身体则仍保静止之态度,故呈此现象。电梯上升或下降时,人体变同等之速度而运动,内脏则仍保静止之态度,因之内脏器官受惰性作用而起下降(上升时)及上升(下降时)之运动,予吾人以不快之感觉。又当电车开行之时,若欲跳上,当先快跑,使身有与车同等之速度,则上车时得稳立。若立定而执车上之把手,则身体必至俯平举之部位,亦惰性之作用使然也。

(二) 由运动而至静止时 物体有继续运动之惰性。例如火车将停之时,吾人向开往之方向而立,则常有向前倾倒之倾向,是因足受火车之影响而停止,而上体仍保其运动之状态,故呈此现象。当电车微动时而欲下车,宜先使身体后仰,则着地之后可以立定,否则必致向前倾倒。当自来墨水笔中之水不流入笔头上时,将笔向下振动而水即下落,行挥汗之动作而汗堕地,皆可以用是理解释。

(三) 改换方向时 一物体运动,常有向直线进行之惰性。火车转弯之时,身体常有向车之外方之势。又在赛跑之时身体常觉不易转弯。是因火车及身体有向前一直线进行之惰性。故将身体向内倾斜,或将跑道或铁轨向内倾斜,利用地心吸力,以助改变方向。

(四) 停止四肢运动时之惰性作用　是为物理家所不注意,而寻常亦极难解释者。按第(三)节,人体上之各种运动皆属圆运动,例如第五图,将左臂由 A 之部位向 B 之方向而振,至 B 之部位而停止之,则惰性作用使身体由 C 向 D 而旋转,并以 B 为中心。又如第六图以右腿由 A 而用力振至 B 点,突然停止其运动,则因惰性作用,使左腿向前移动。在跳远之时,若能利用举起之腿行是动作,则远距可大增。惰性之大小与力为正比例,但 $F=\frac{mv}{t}$,故又与运动量为正比例,与时间 t(由静止而至运动或由运动而至静止之时间)为反比例。如黄包车夫载重时,或拉快时,转弯极为困难。又当赛跑之时,转弯愈急促则愈难。故室内跑道往往在转弯之处向内倾斜,利用地心吸力以助转弯,亦此理也。

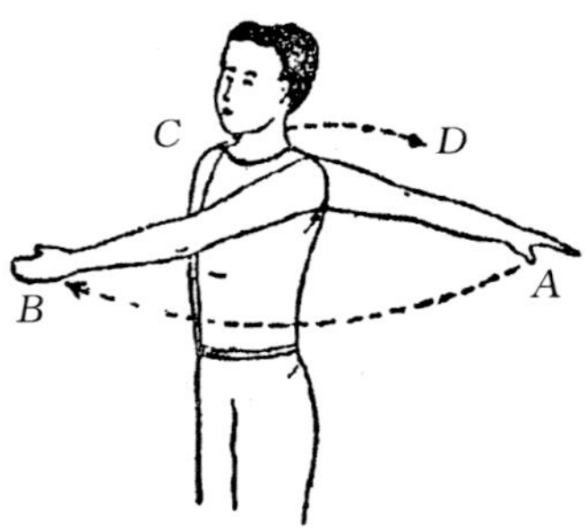

第五图

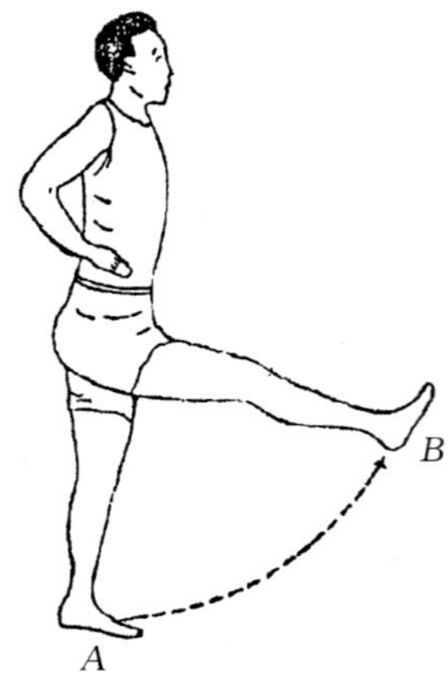

第六图

【乙】第二定律　运动量之变更与力为正比例。而此力作用之方向,即用力之方向。

是定律足以表二力或数力作用于一物体,各不相干涉之理。故有称为力之独立定律者(Law of Independence)。

是定律之前半,测力之大小。由公式(11)

$$Ft=mv$$

$$\therefore\quad F=\frac{mv}{t}$$

$$\text{但}\quad \frac{v}{t}=a$$

$$\therefore\quad F=ma \quad\cdots\cdots\cdots\cdots\cdots\cdots\cdots\cdots\cdots\cdots (12)$$

即力之大小，与质量及加速度之积为正比例。

是定律之下半，所以表明运动之方向，即用力之方向。虽有时因原有运动之方向而不显其本来之方向，实则未尝改变其力之方向也。故运动者宜先知物体欲去之方向，然后定用力之方向，则所用之力，不致一部份费去。例如起跑之时宜蹲伏，跳远时之宜向直上，皆根据是理。

【丙】第三定律　一原动力作用于一物体，则此物体必起相等之反动力，即两物体间之相互作用常相等，而方向常相反。

是定律又可称谓运动量之不灭（conservation of momentum），即两物体交互作用时，一物体所得之运动量，等于他一物体所失之运动量，两运动是相等而方向相反。枪弹之出枪口，枪身向后退之运动量，必等于枪子向前之运动量，二者之速度与其质量为反比例。推铅球，接重物，身体愈重者愈便利，亦是理也。

（一）反动力之减杀及增加　运动之物体，触他一运动之物体时，若其方向同者，则反动力必减杀。球入沙中，不见跃起，因沙松而受球之推动，与球有同方向之运动也。接篮球或接棒球时，手宜放松。当球触手之际，宜依球来之方向而退缩，以免球从手中弹出。球来愈急，而缩之速度宜愈大。反之运动之物体触他一运动之物体，而其方向相反者，则反动力必大增。例如打棒球或网球是也。若棒与拍之速度大，则球反动之速度亦大。又推铅球时亦起反动力之作用，虽是人推球，实则球亦推人，若停止其反动力，即增加原动力。

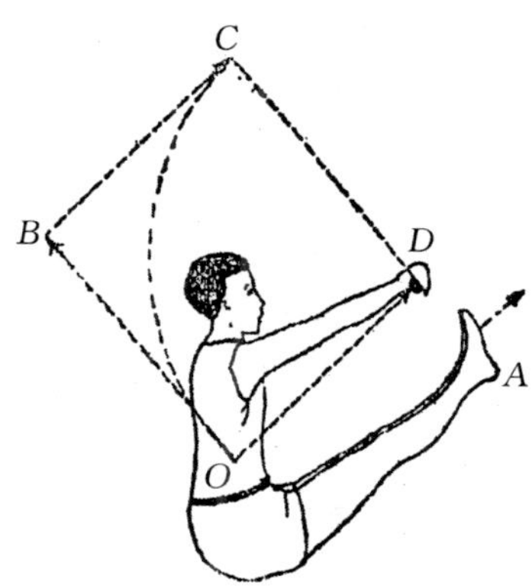

第七图

（二）身体由屈而至伸时之反动力　身体之一部由屈而伸时，他部受反动力而运动。例如人体在单杠上弓身悬垂之部位，向 A 之方向行蹬足之动作,则反动力使头向 B 之方向而进行。因手吊杠上,有向心力 OD。于是 OB 与 OD 相合而成 OC,而身体受合力之作用,向 OC 方向而进,加以双臂之压力,身体即上至前正撑之部位。

(三) 反动力之方向

1. 物体直线进行时之反动力　反动力之方向与原动力相反而常在一直线上,物体投射于一平面不成直角时,反射角必等于入射角。此与前句之意义,似有歧异之点。实则不然。例如一物体若其弹性系数为 $1\left(e=\frac{\text{stress}}{\text{strain}}\right)$,向 AB 面投射,则此力可分为 a, b 二力。由 O 点 a 以其相反之方向反动为 a'。因其弹性系数等于 1,故 $a'=a$。而 b 仍以其原来之速度向前进行。$b'=b$, A, B 二角皆为直角,$a=a'=a''$, $b'=b$,故两三角形 DOE 及 COE 相等故 $\angle DOE=\angle COE$。入射角 $\angle COE$ 与反射角 $\angle DOE$ 相等。若物体之弹性系数小于 1,$a'<a$。则 $\angle DOE>\angle COE$。

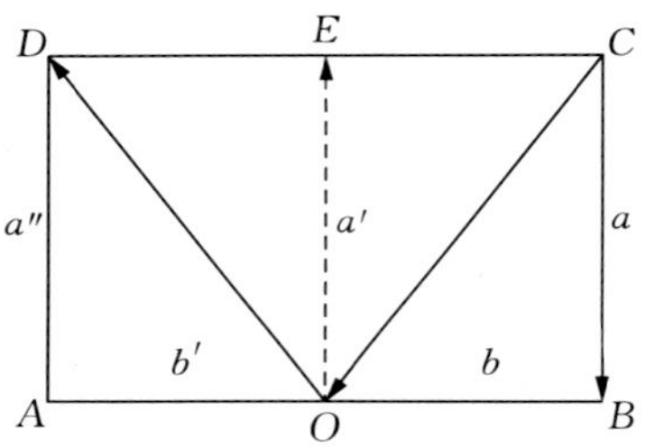

第八图

2. 物体旋转时之反动力　网球在空中旋转而进行,触地之际,则反射角与入射角不相等,并非因弹性小于 1 之故。乃旋转之力使之改变也。设球向左转,则反射角必大于入射角。如第十图反射角 $\angle bod$ 大于入射角 $\angle aod$。若球向右转,反射角必小于入射角。如第九图,反射角 $\angle bod$ 小于入射角 $\angle aod$。若前后转亦同理。旋转愈急改变之方向愈大。盖合力使然也。其改变方向之理,可由第十一第十二两图说明。如第十一图设球之弹性系数为 1,以 A 之方向着地。若球不转,则以 OB 之方向反射。惟因其向右旋转,着地时有 F 之力,使生向右之反动力。故球跃起之时,受 OB 及 OC 二力之作用,依二者之合力 D 之方向进行。其角不但小于入射角,有时反成负角。又如第十图,AO 为入射之方向。OB 为不旋转时反射之方向。OC 为旋转力 F 之反动方向。球受二力之作用,遂按 OD 之方向而反射。由第九第十两图比较之,反射角大者合力变大,小者合力变小。打网球时抽球(drive)速度大,削球(chop)速度小,即是理也。

发网球时，见对手偏立右方，则向左削球，使球左射。如偏立左方，则向右削球使向右射。在往返回击时，见对手离网极远则用削球法(chop)，球向网之方面反射，使对手奔前不及。见对手离网甚近，则用抽球法(drive)使球反射低而速，对手后不及。见其偏立左方，则向左削(方向与发球相反，因发球时拍子向下，而此时则向上，其结果相同)。见敌人偏立右方则向右削。

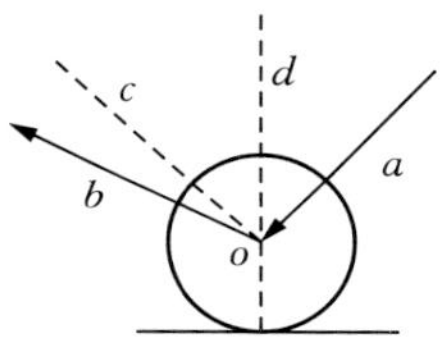

第九图

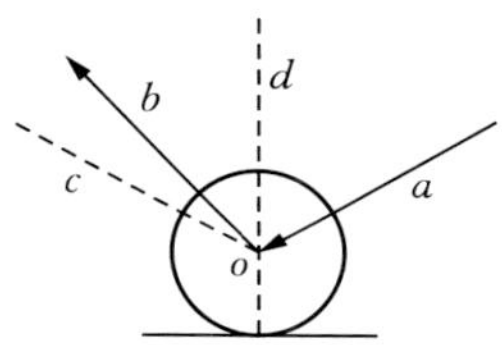

第十图

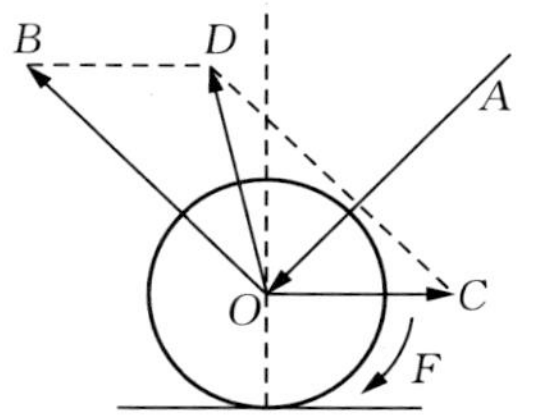

第十一图

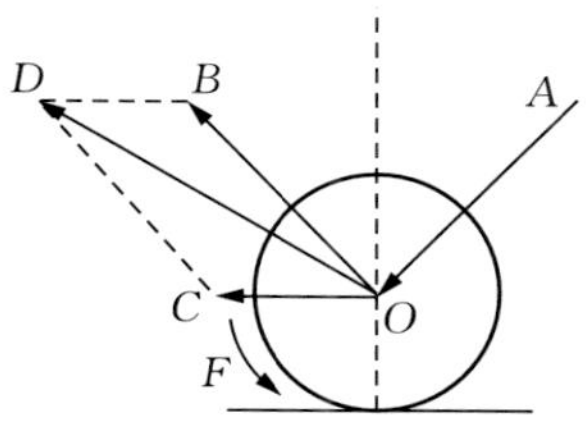

第十二图

篮球在篮下投篮，不易命中。但亦可应用旋转之反动力而使之易于入篮。设欲球从篮之右方进篮则球上投之时，须同时有右旋之运动，至触板下落之时，可向左偏斜而入篮。欲从篮之左方进篮则旋转相反。

(四) 助跃台　人从地上跳高或跳远也，一恃地之反动力；一恃小腿各肌肉之弹性。用助跃台跳时，则此二者之外，尚有台之弹性可以利用。然其回复之时，常有一定，始而加以压力，台板向下弯；继而由弯而复原状。其间有周期。其长短视支点重点间距离之大小而定。上跳板时初不宜作跳起之动作，须俟板回弹之时行之。若过早则跳之方向与板下弯之方向相同，毫无反动力之可言。在板复原时，板弹力之方向与跳之方向相反，反动力可大增加。

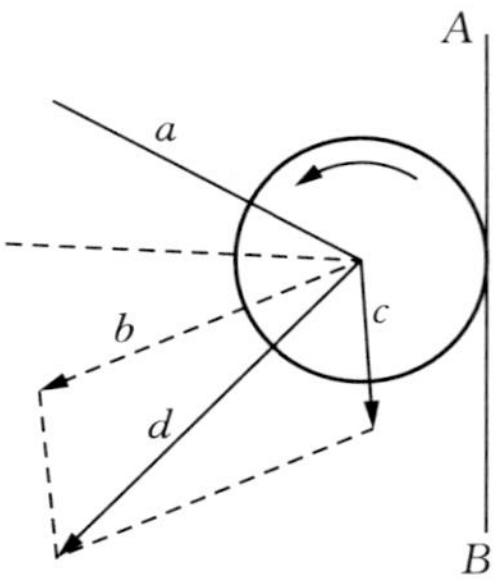

第十三图

（五）劈球与抽球　a 为对面劈击来之球之方向，b 为球来不转时之反动之方向，c 为因转而生之力量，d 为反动力之方向。若触 AB 网板，再加抽之动作，则 c 之力量加增，而 d 之力量更向下趋矣。按实验之结果，转动之球在空中以同方向旋转，对方劈击来球，未着地之前，即行抽打法，莫不触网。参观第十三图即可明了。

十　地心吸力（Gravity）

从前之哲学家谓重物之落地快，轻物之落地慢。此言实不合理。盖不论何物，从同高之地位下落，其着地之时间必相等。Galileo 氏曾从一塔上坠物得是结果。惟物体之下落，不但为地心吸力之作用，空气之阻力亦干涉之。一铜元及羽毛从真空瓶之上端下落，其达底之时间相等。故不论物体之轻重若何，受地心吸力之作用相等，即其加速度相同也。物体下落每秒 980 粴[①]之速度。故地心吸力之加速度为每秒 9.8 米，即每分钟得 588 米。

【甲】地心吸力之方向　物体下坠，依垂直之方向。与是线垂直者曰水平线。若另有物体在数呎外下坠，则此物体下坠之方向，可作为并行。若离一百呎，则成一秒之角度。

【乙】地心吸力不受他力之干涉　不论何力作用于一物体，必显其作用，不受外力之干涉。地心吸力亦然。故一弹出枪口至落地之时间，虽射出数米，而落地之时间，确与其由枪口下落之时间相等。

地心吸力及任何力既不受外力之干涉，则推铅球时，球在空中之时间与高度为比例。故同大之向前速度，其向上之方向，与所得之距离大有关系也。

① 厘米的旧式用法。

十一　物体下落运动之定理(Law of Falling Body)

等加速度运动之公式及例已在第五节[乙]说明。地心吸力之加速度,在地面可作为等加速度,故以(7)(8)(9)公式之 a 换为 g,即得物体下落之公式。如下:

$$V=gt \quad \cdots\cdots (13)$$

$$S=\frac{1}{2}gt^2 \quad \cdots\cdots (14)$$

$$V^2=2gS \quad \cdots\cdots (15)$$

公式(13) $t=1$,而 $t^2=1$。一物体由静止而下落之距离,当为 $\frac{1}{2}g$。即 $\frac{980}{2}$ cm $=490$ cm$\left(\frac{0+980\text{ cm}}{2}=490\text{ cm}\right)$;而其时之物体,已有每秒 980 cm 之速度,同时加速度亦为每秒 980 cm。

应用上列三式而申说之,得三定理如下:

【甲】下落物体所得之速度与下落之时间为正比例。

【乙】下落之距离与时间之平方为正比例。

【丙】加速度为下落第一秒钟所得距离之二倍。

十二　物体之上掷(Projection Upward)

当物体向上掷时,其加速度为负的。即每秒减少 980 cm 或 32.15 呎,而其达最高点所费之时间,必为 g 除 v,即

$$t=\frac{v}{g} \quad \cdots\cdots (16)$$

例如,垂直上掷之速度为一秒 1 960 cm,大气之压力不顾,则上掷之时间为 $\frac{1\,960}{980}=2$ 秒。其下降时亦同,即下降第一秒为 $\frac{1}{2}gt^2=\frac{1}{2}g=490$ cm。第二秒

为$\frac{1}{2}g\times4=980\times2=1\,960$ cm。可见落于地上时之速度,仍为 1 960 cm/sec。

十三　抛物线(Projectile)

一物体斜向上掷时,依分力之方法,可看作水平及垂直二力。垂直之力,常受 g 之影响。始而上掷,继而停止,再又下落。而水平部份,设无空气之阻力,则常保持一定之速度而前进。今设斜向上掷之速度为 v,与水平线成 θ 角。则可分为水平部份之分力 $v\cos\theta$ 及垂直向上之分力 $v\sin\theta$。

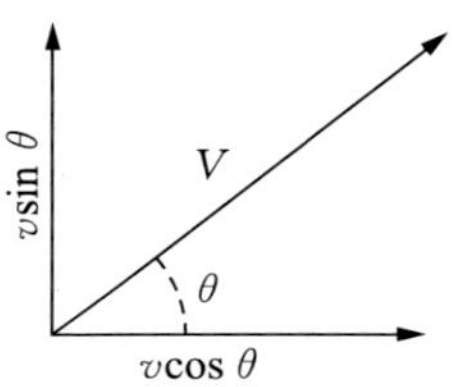

第十四图

设 S 为 t 秒后之水平距离,则

$$S=v\cos\theta\times t$$

设 H 为 t 秒后之垂直距离。

$$H=v\sin\theta t-\frac{1}{2}gt^2$$

【甲】达最高点所需之时间

物体上抛至最高处,其速度必为零,即

$$v\sin\theta-gt=0$$

$$\therefore\quad t=\frac{v\sin\theta}{g}$$

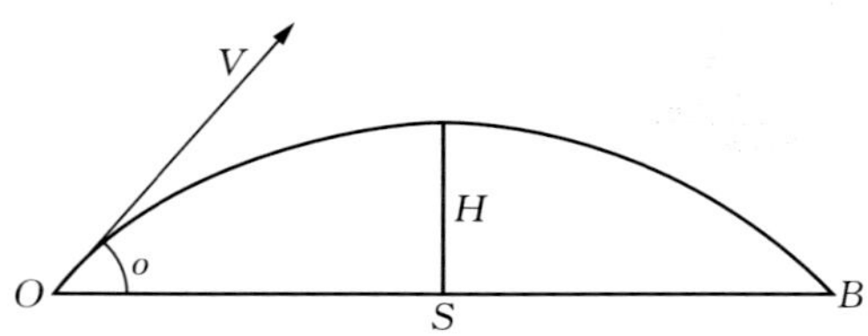

第十五图

【乙】最高距离

$$H=v\sin\theta\times t-\frac{1}{2}gt^2$$

以$\frac{v\sin\theta}{g}$代t

$$则\ H=v\sin\theta\times\frac{v\sin\theta}{g}-\frac{g\times v^2\sin^2\theta}{2\times g^2}=\frac{v^2\sin^2\theta}{g}-\frac{v^2\sin^2\theta}{2g}$$

$$=\frac{v^2\sin^2\theta}{2g}\quad\cdots\cdots\cdots\cdots(17)$$

【丙】水平距离 OB 等于 S_1,如无地心吸力,则所过之距离为 $v\cos\theta$。但受地心吸力之影响,升至最高点,复落于地上,其所费之时间为

$$t=\frac{2v\sin\theta}{g}$$

$$\therefore\quad S=v\cos\theta\times\frac{2v\sin\theta}{g}=\frac{v^2\cos^2\sin\theta}{g}$$

$$=\frac{v^2\times2\sin\theta\cos\theta}{g}=\frac{v^2\sin2\theta}{g}\quad\cdots\cdots\cdots\cdots(18)$$

【丁】最适宜之投射角度 由上式 S 之值最大时,须 $\sin2\theta=1$,即 $2\theta=90^\circ$,$\theta=45^\circ$。若 θ 比 45°大,则 $2\theta^\circ$比 90°大,而 $\sin(90^\circ+A)=\cos A$。其值(A 角比 90°小)不论何度皆比 1 小。又投射仰角若比 45°小,则 2θ 比 90°亦小。而比 90°小之数,固小于 1。故仰角为 45°时,发射距离最大。

【戊】跳远抛物线之分析 跳远时应用抛物线之外,又应用牛顿运动第二定律。今欲明分力合力之作用,不得不先明其抛物线(如第十六图)。

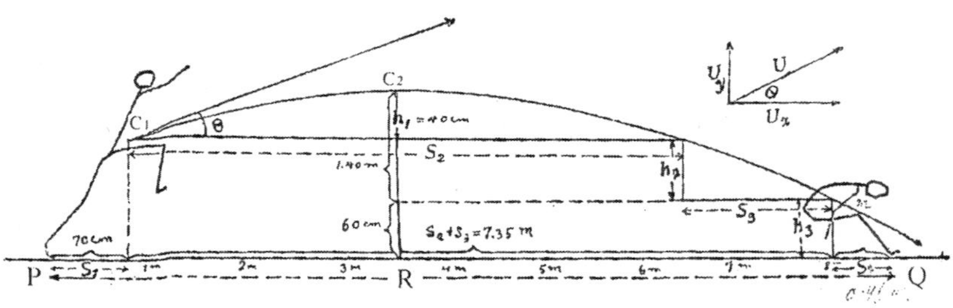

第十六图 跳远之抛物线

ad = 与重心同高之地平线;R = 远距离;PQ = 地平线;h = 高度;
$Vy=u\sin\theta$ 为向上之速度;$Vx=u\cos\theta$ 为向前之速度。

（一）h_2 为身体重心之高度。盖身体为一可变形圆柱体。臂可举起及下垂，腿可屈缩及伸张。以四肢或躯体之一部份，不能代表全体。经多时研究之结果，以重心为标准最妥。

（二）h_1 为重心升起之高度。

$$h_1 = Vyt - \frac{1}{2}gt^2$$

$$= u\sin\theta t - \frac{1}{2}gt^2$$

$$\because \quad t = \frac{u\sin\theta}{g}$$

$$\therefore \quad h_1 = \frac{u^2\sin^2\theta}{g} - \frac{u^2\sin^2\theta}{2g}$$

$$= \frac{u^2\sin^2\theta}{2g}$$

（三）$h_3 = h_2 - h_4$ 即身体直立时重心高与蹲时重心高之差。

（四）$S_1 = \sqrt{\sqrt{C、A^2} - \sqrt{C、b^2}}$

（五）$S_2 = \dfrac{u^2\sin^2\theta}{g}$

（六）$S_3 = V \times t = u\cos\theta t$

但 $t = \sqrt{\dfrac{2h_3}{g}}$

$$\therefore \quad S_3 = u\cos\theta\sqrt{\frac{2h_3}{g}}$$

（七）$S_4 = mQ\cos a$

mQ 之大小与腿伸出之多寡有关，腿举愈高，伸出愈多，而 a 角愈小。S_3 之距离亦愈大（如第十七图）。

（八）跳远之总距离 $= S_1 + S_2 + S_3$

$$= \frac{u^2\sin^2\theta}{g} + u\cos\theta\sqrt{\frac{2h_3}{g}} + mQ\cos a \quad \cdots\cdots\cdots\cdots\cdots\cdots \quad (19)$$

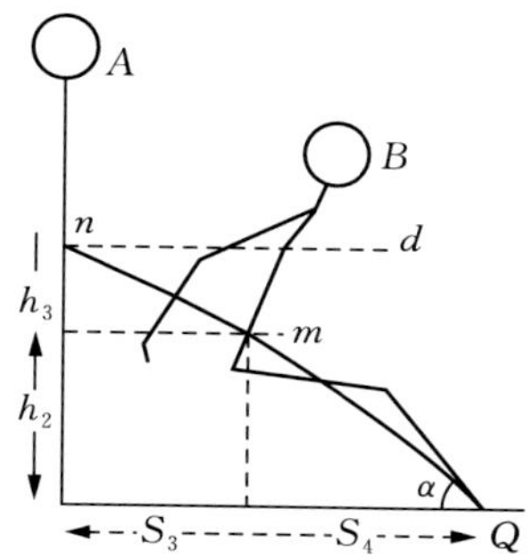

第十七图　*A* 为人体直立之姿势，*B* 为人体蹲而腿前伸之姿势。

【己】跳远成绩最高之限度　欲解决跳远最高限度之问题，须根据百米跑之世界成绩，跳时重心升起之高度，及空气之阻力。跳远之世界成绩为 7.98 米，由日本名手南部平忠在东京造成者，查此成绩，尚差理想者甚远。

今百米之成绩，以 10.4 秒计算。一百米之前六十米为 6.8 秒。最后四十米为 3.6 秒，则平均速为每秒 11.11 米，亦可作为此人跳起后腾在空中之速度。但实际所能达之速度不能如是之大，因跳远时所跑者为四十米，而非百米也。加以身体在空中，犹受空气之阻力，故在空中向前进之速度，可假定为每秒 10 米。

如第十六图，体高为 2 米，跳时重心之高为 1.20 米，在板前 0.70 米。在落地之时，脚着地之点，离重心 0.48 米，重心离地面 0.60 米。重心由 c 流至 c_2，升高 0.40 米，其所费为 T。

依据物体上掷之公式，则 0.40 米 $=\frac{1}{2}gt^2$。$T_1=\sqrt{\frac{0.80}{980}}=0.285$ 秒。于是重心更向 c_3 而流下落约 1 米，$1=1\ \frac{1}{2}gT_2^2$，$T_2=\sqrt{\frac{2}{980}}=0.45$ 秒。身体在空中流动之总时间，为 $T=T_1+T_2=0.285+0.45=0.735$ 秒。重心从水平方向前流之距离，依 $S=V\cdot T$ 之公式，当为 $10\times0.735=7.35$ 米。总距离 $R=0.70$ 米 $+$ 7.35 米 $+$ 0.48 米 $=$ 8.53 米。跳者若能在此速度之中，增加跳之高度达 0.50 米，则成绩可超过 9 米。若将空气之阻力算入，当亦不在 8.40 米之内。

【习题】

设有一运动员,体高等于 183 糎,重心高 105 糎,前跑之速度为 100/11.8 米/秒,跑之高度为 80 糎,腿与地之角 $\alpha = 40°$,问能跳若干米?

【测验】

(一) 测量事项

1. 跑之速度　跳板后八米之速度为标准。

2. 跳时身体之高度　跳者腰间束红带,适在重心上,量拟作跳起时重心之高度。

3. 跳起后腾在空中重心之高度　用跳高架两具,置跳坑旁,在跳远成绩之中途,由三四人从旁观其红腰带之高度。

4. 跳之远度。

5. 由跳起至落地间之时间。

(二) 计算事项

1. 求向前不水平速度 Vx 如第十六图,抛物线 am 为由跳起至落地时重心所经之路,在水平距离则为 $PQ - S_3$,设其所需时间为 T,则

$$Vx = \frac{PQ - S_3}{T} \quad \cdots\cdots\cdots\cdots\cdots\cdots\cdots\cdots\cdots (20)$$

2. 由 $H = Vyt - \frac{1}{2}gt^2$ 之公式求垂直向上之速度 Vy。设 $H = h_1$,则

$$Vy = \frac{h_1 + \frac{1}{2}g^2 t}{t} = \frac{h_1}{t} + \frac{1}{2}gt$$

$$但\ t = \frac{T - \sqrt{\frac{h_3}{g}}}{2}$$

$$\therefore Vx = \frac{h_1}{\frac{T - \sqrt{\frac{h_3}{g}}}{2}} + \frac{1}{2}g\,\frac{T - \sqrt{\frac{h_3}{g}}}{2}$$

$$= \frac{2h_1}{T - \sqrt{\frac{h_3}{g}}} + \frac{g\left(T - \sqrt{\frac{h_3}{g}}\right)}{4} \cdots\cdots\cdots\cdots (21)$$

十四　向心加速度(Centripetal Acceleration)

设 ABC 为一圆,一物体绕之而转。AB 为此圆之极小部份,而其所费之时间为 t。今 AB 圆弧代以 S,则因运动等速度 $S = vt$。AB 为小平行四边形 $AEBD$ 之对角线。AE 为 t 时间向心之距离。AB 为同时间直线进行之距离。AE 为向心加速度之距离。设其等加速度为 a,则由 $S = \frac{1}{2}ta^2$ 之公式,得 $AE = \frac{1}{2}at^2$ 二直角三角形 ABE 及 ABC 为相似形。

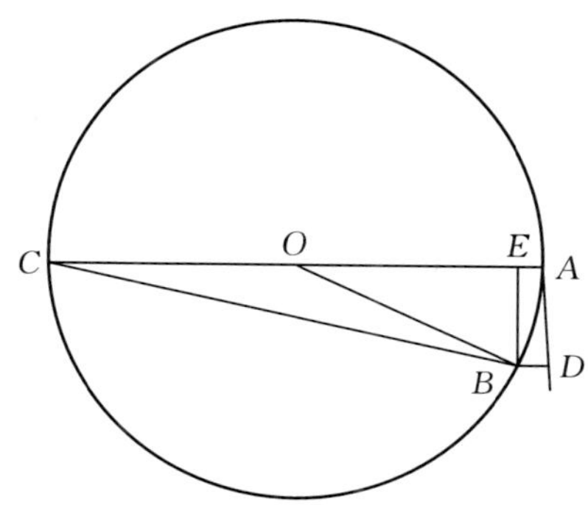

第十八图

故　$AE : AB = AB : AC$

$AB^2 = AE \times AC \qquad AC = 2r$

则　$v^2t^2 = \frac{1}{2}at^2 2r = at^2 r$

由之 $a = \frac{v^2}{r}$　　若 T 为一周之时间

则　$v = \frac{2\pi r}{T} \quad v^2 = \frac{4\pi^2 r^2}{T^2}$　　代入 $a = \frac{v^2}{r}$ 式中

则　$a = \frac{4\pi^2 r}{T^2} \cdots\cdots\cdots\cdots (22)$

十五　向心力与离心力 (Centripetal and Centrifuagl Force)

上节既述等速度圆运动之向心加速度为 v^2/r。但力为加速度与质量之相乘积($F = ma$),因之向心力为 mv^2/r。此为迫物体不循直线运动而变为圆运动之力也。根据牛顿第三定律,原动力等于反动力,可知离心力等于向心力,惟方向与之相反。即物体因惰性作用而生之阻力,使物体向一直线进行者也。用公式表之:

$$F = \frac{mv^2}{r} \quad \cdots\cdots (23)$$

按上公式离心力与 m 及 v^2 为正比例,与 r 为反比例。惟 F 既与 v_2 为正比例,则 v 增一倍,离心力必增加四倍。

设物体绕中心回转,其速度为原速度之二倍,则离心力必增至四倍 $\left(4F = \frac{m(2v)^2}{r}\right)$,故直线速度与成绩大有关系。掷铁饼当转体将终之时,须加至极大速度。

又离心力与 r 为反比例。即以同大之 v,若 r 大则离心力小,r 小则离心力大。

【应用一】室内跑道或脚踏车(或机器脚踏车)道之倾斜度及其算法 室内跑道及脚踏车道之倾斜度,应用离心力之公式,当视下列两条件而定。

(一)视赛跑或赛车时之速度:设在一圆跑道上赛跑。跑之速度愈大,离心力亦愈大。在转弯急促之处,身体往往倾斜以反抗离心力之作用。跑道倾斜之用意,即藉地心吸力以反抗之也。在圆跑道上,将身体倾倒之地心吸力为 ac(如第十九图),圆跑道之半径为 r,跑之速度为 v,则所生之离心力必为 $\frac{mv^2}{r}$。设 ac 之大小与 $\frac{mv^2}{r}$ 相等,则人体在 OA 斜面上,能保持与斜面成垂直之姿势,可无外倾或内倒之虞。在此合式情境之下,θ 角究为何度,当设法求之。今假定 θ 为合式之倾斜角度,则 $ac = \frac{mv^2}{r}$。

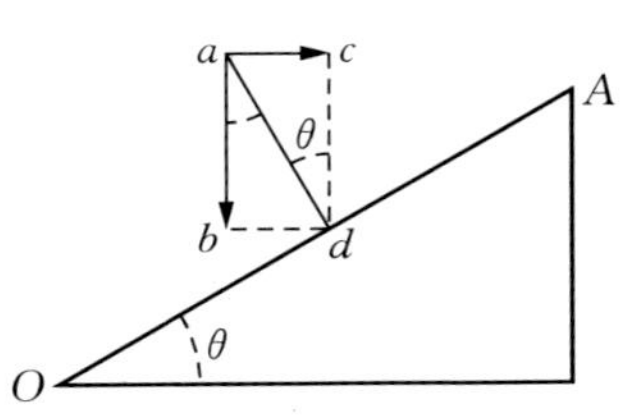

第十九图

又设此人体之重为 mg,则对于 OA 斜面上之重量,必为 $mg\cos\theta$。今以 cd

代之，则

$$cd = mg\cos\theta$$

但 $$\tan\theta = \frac{\frac{mv^2}{r}}{mg\cos\theta}$$

$$\therefore \quad \sin\theta = \frac{v^2}{rg} \cdots\cdots\cdots\cdots\cdots\cdots (24)$$

（二）视圆跑道之半径大小 依 $F = \frac{mv^2}{r}$ 之公式，则离心力与半径 r 为比例，又据公式(24)，若以百米赛跑之世界成绩，而建筑室内跑道，则跑道之半径与其面之倾斜度，常有互为消长之关系，即半径愈小，倾斜愈多。而二者与 g 之乘积，必等于 v^2，即 $v^2 = rg\sin\theta$。

【习题】

（一）设跑道之半径为 25 呎，百米之世界成绩为 10.4 秒，依此二条件建筑室内跑道应倾斜几度？

（二）设有一体育馆，其宽为 65 呎，长为 220 呎，欲设宽 10 呎之跑道，问倾斜须几度？

十六 圆运动时反动力与原动力之关系

按牛顿第三定律（反动力等于原动力），离心力等于向心力。前者为反动力，后者为原动力，二者在相反地位。故行圆运动时，向心力愈大，则离心力亦愈大。当二物体同时运动，而一物体绕他一物体时，二物体可皆起旋转作用。例如抛链球，有两种方法，如下：

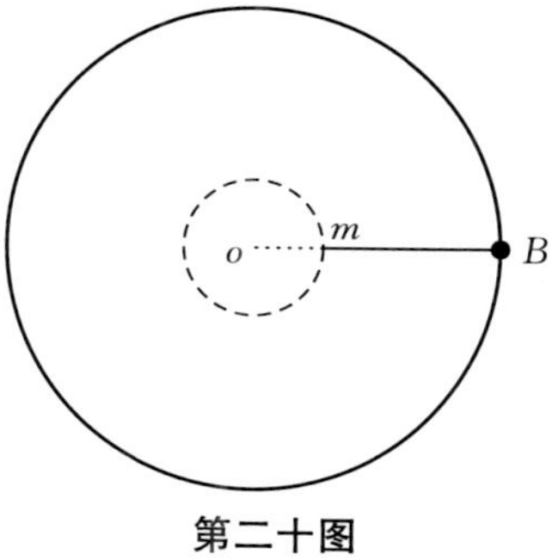

第二十图

【甲】用力小而效果亦小 人与球在圆心之一边，绕一圆心回转，是因人之力量不足，不能抵抗其离心力而然，得使一部份加速度，减去。实际上因原动力不足，离心力亦不足，而成绩亦为之减少。如用离心力公式证明之，亦亦不谬。

$F=\frac{mv^2}{r}$式中之 r，当为链长 Bm 加入所绕小圆之圆半径 om。球脱手时人体停止。以人体 m 为圆心，半径由 oB 缩为 Bm，按

$$F=\frac{mv^2}{r}$$

而 $\quad v=\omega r \quad$ （ω 为角速度）

$$\therefore \quad F=\frac{m\omega^2 r^2}{r}=m\omega^2 r$$

m 不变，角速度 ω 一时不能增加。因当时 r 缩短之故离心力必大减，故丢链球时不能用此法。

【乙】人体与球在圆心之两侧，以同方向绕圆心而转 按牛顿第三律而言，此时即增加原动力。但此圆之半径 oB，非球与胸间之距离，乃球与足间之水平距离。较 mB 为小。因其小之故，角速度易大。当球脱手之时，人体突然停止。以上肢用力丢出，增加其角速度，其时之圆半径由 oB 而增为 mB。按公式

$$F=m\omega^2 r$$

m 不变，ω 与 r 均增大。故结果离心力大增。凡掷铁饼及应用圆运动之运动，皆可应用是理。

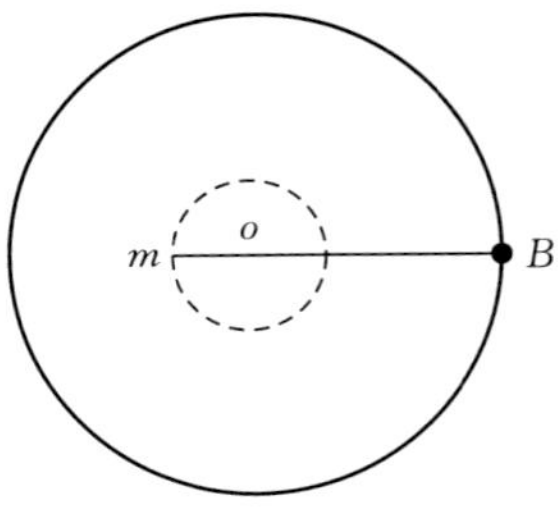

第二十一图

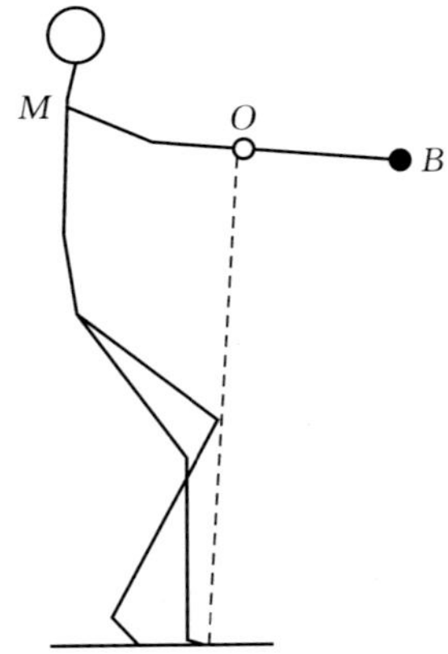

第二十二图

十七 力转矩(Moment of Force)

行直线运动时,结果视力之大小而定。行圆运动时,视力大小之外,尚有力点与圆心距离大小之关系。例如关门,用力取垂直于门之方向,由握手上推之,可较在门轴附近推之之力为小;又以同大之力,与门垂直而推之,其角速度均比与门成钝角或锐角而推之为大。

如第二十三图, $om>ol>on$,三力虽相等,而用力之距离有大小,故三力之效果亦不同。

上述之用力方向,与轴最短距离成直角,可观第二十三图而知之,是谓力之垂直距离。其与力之相乘积曰力转矩。例如 M 为一刚体,依穿过 o 点之轴而回转。力以 A 方向所得之结果,不若力以 C 方向所得之结果大。盖前者之力矩为 $F\times ol$,后者为 $F\times om$, $om>ol$, F 相等,故 $F\times ol<F\times om$。

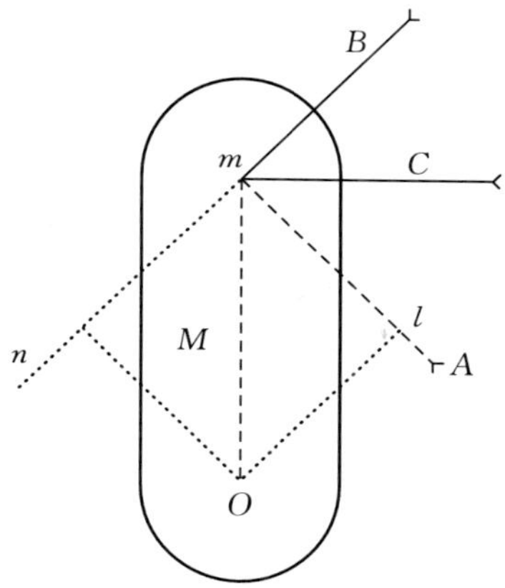

第二十三图

【甲】人体内肌肉之力转矩作用 人体肌肉之牵动骨骼,都属圆运动,已如上述。故亦可计算其力转矩。欲求其力矩,须先知其力杠之大小。如二头肌,当大小臂成相当角时,力杠大,伸直时小。胸大肌亦然,臂左右平举时小,前举时大(如第二十四图及二十五图)。

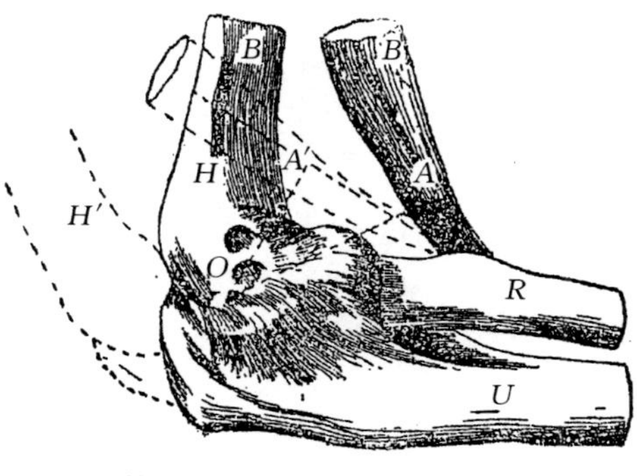

第二十四图 二头肌之力矩

B 二头肌;H 肱骨;U 尺骨;R 桡骨;OA'为转矩。

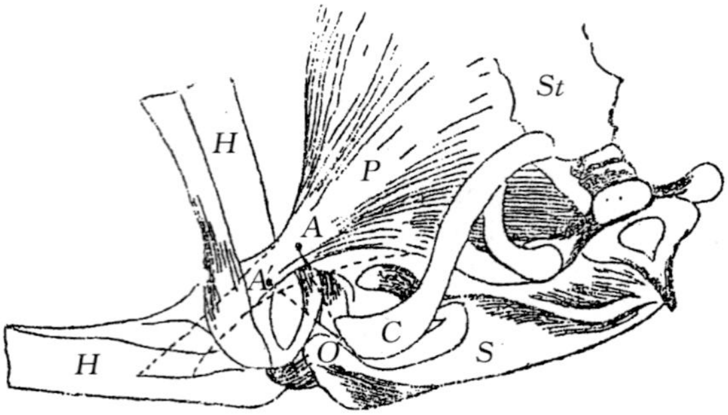

第二十五图　胸大肌之力矩

H 肱骨;*S* 肩胛骨;*C* 锁骨;*St* 胸骨;*P* 胸大肌
OA 及 *OA*′均为力矩。*OA*′<*OA*。

【乙】正握与反握引体向上　正握引体向上,用背肌多,用胸肌少,因背肌之力杠长也。反握用背肌少,用胸肌多,因胸肌与二头肌之力杠长也。加以胸肌较背肌强,而身体之重杠,反握时较正握时为小,故反握易也。

十八　偶力(Couple)

两相等之力,作用于一物体而其方向相反者,曰偶力。其合成之结果为 0,故物体无移动作用,但能使物体旋转。力转矩为二力间之最短距离与力之相乘积。此最短距离曰偶力臂(arm of couple)。

【应用一】单杠上之手盆回圜　此种动作,完全应用偶力之理。设回圜动作始于前正撑时,身体宜先向前上后下之方向倾斜,以得位能。然后头向后倒,脚下前举,以得动能。即使下体绕手之支点回转,同时身体挺直成一直线。若只有下肢一力而无上体后倒之力,则不成偶力作用,而转之动作,亦无法做成。

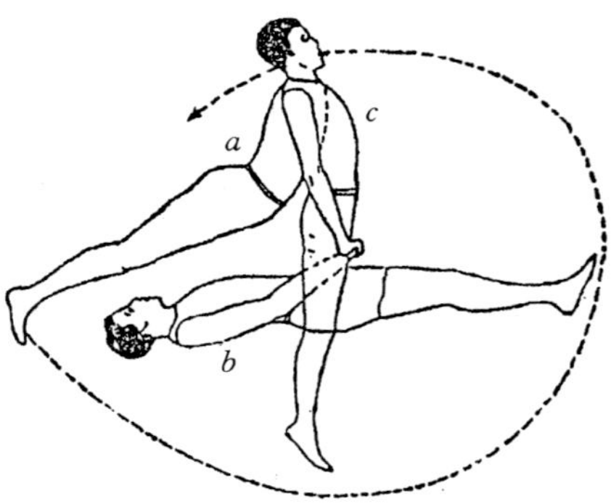

第二十六图

【应用二】角力　角力时应用偶力最

多。例如第二十七图为切踵压喉倒法(cross throat and back heel)。攻者之右肘向前推,力之方向向前。右踵向后用力,力之方向向后,适成偶力,故对手易于倾倒。

第二十七图

十九 角速度(Angular Velocity)

角速度者,物体移动角度之速度也。设一物体在 t 秒时间回转 θ 角,则平均角速度为 $\frac{\theta}{t}$。通常用度为角之单位,而时间以秒为标准。设一物体,每秒转 $\frac{1}{2}$ 周或 n 周,则角速度当为 $\frac{1}{2}\times 360^\circ$ 或 $n\times 360^\circ$。

旋转时之直线速度 一物体 m 离圆心之距离为 r,其绕一周时,所转之速度,曰直线速度 $v=2\pi r$。设一秒绕 n 周,则直线速度 $v=2\pi rn$。

令 $$2\pi n=\omega$$

$$\therefore v=r\omega \quad \cdots\cdots (25)$$

二十 角加速度(Angular Acceleration)

一托克(torque)* 作用于一旋转物体上,则此物体之角速度更变,角加速度 α 亦增加。故角加速度者,为单位时间内所变之角速度也。设原有之角速度为 ω_0, t 秒后为 ω,则平均角加速度为

$$\alpha=\frac{\omega-\omega_0}{t} \quad \cdots\cdots (26)$$

但直线加速度(α),为单位时间内所变化之直线速度。即

* 托克为 torque 之译音,在力学公式中书为 $\mathcal{T}$,等于 $I\omega\mathcal{T}$,与直线运动中之 F 相当,$I\omega$ 与 ma 相当。
(标注为 * 的脚注为原书所带。——编者注)

$$\alpha = \frac{v - v_0}{t} = \frac{r\omega - r\omega_0}{t} = r\,\frac{\omega - \omega_0}{t}$$

$$\alpha = r\alpha \quad \cdots\cdots\cdots\cdots \quad (27)$$

即物体旋转时之直线加速度,等于角加速度与半径之相乘积。

由(25) $\omega = \dfrac{v}{r}$ ………………………………………… (28)

由(27) $\alpha = \dfrac{\alpha}{r}$ ………………………………………… (29)

即角速度与其半径为反比例,与直线速度为正比例。角加速度与半径为反比例,与直线加速度为正比例。

【应用一】器械体操 凡单杠上大部份之回圜动作,多应用圆运动。如手足心回圜,大回圜,膝钩回圜,手膝钩小回圜(向前或向后),手臂回圜(向前或向后)是也。然由方法之不同,可大别为两类。

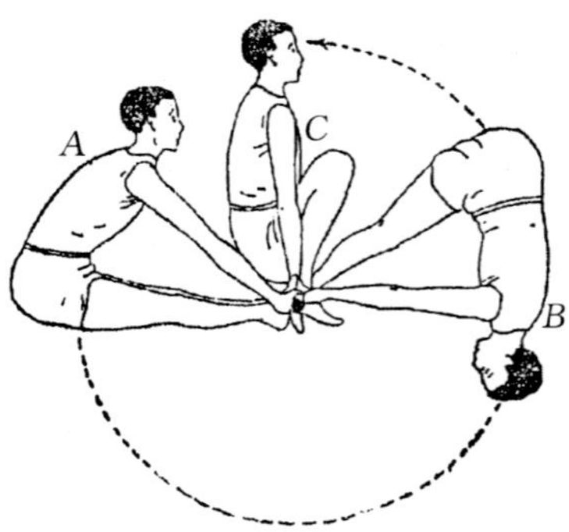

第二十八图

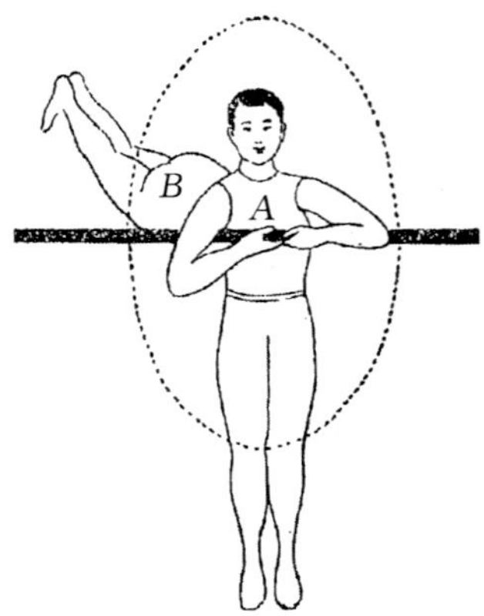

第二十九图

【甲】利用力矩及位能大,不能利用缩短半径使角速度加大者。如手臂回圜,手膝回圜,手足背回圜,小回圜(向前或向后)等,只能于开始之时,用下列二方法。

(一) 半径增大,使力矩大。

（二）位能增大，即始动之时，身体伸直，向斜上方抛掷。

【乙】利用力矩及位能大兼能利用缩短半径使角速度大者。如膝钩回圜，手足心回圜，双手膝钩小回圜、大回圜等。起动之际，身体挺直，向前斜方倒，至过垂直线之后，则屈体使半径缩短，角速度增加，易回成一圜。

观以上两种回圜动作，于物理上之便利〔乙〕种较〔甲〕种多。于心理之变化，〔乙〕种亦较〔甲〕种多。故〔乙〕种为较难。不论何种运动，利用力学之处愈多则愈复杂而愈难，且须多训练。盖运动不但与物理有关系，与心理亦大有关系。

【应用二】棍棒操　棍棒之小圆，往往不易自如。其原因在其末端之直线速度不大。欲其直线速度大，有二法。

【甲】半径增大　用以下二法：

（一）臂伸直。

（二）在棒之基底加重，使其重心向下移动(摆距增长)。

【乙】大圆之速度增大　盖大圆之直线速度大。行小圆时，其棒末端之直线速度，保持原状。半径缩短，则小圆之角速度可大为增加，旋转当能自如。

二十一　惰性矩(Moment of Inertia)

设物体 m 以圆心 O 旋转，直线加速度为 a，其方向与圆成正切，则动是物体所用之力为 $F=ma$ 而与力之距离 r 所乘之积，为 mra。唯 a 等于 ra，故物体 m 之力转矩为 mr^2a。设一物体含许多 m 小质点，则物体之力转矩为 $\sum mr^2a$ 。因角加速度 a 各点均同。故可画为 $a\sum mr^2$。是为物体被动方面之结果。而在主动方面，则为 $F\times r$，F 为使物体旋转之力，所以抵抗物体之惰性(向切线方向之惰性)。r 为力之垂直距离，主被二方面相等。

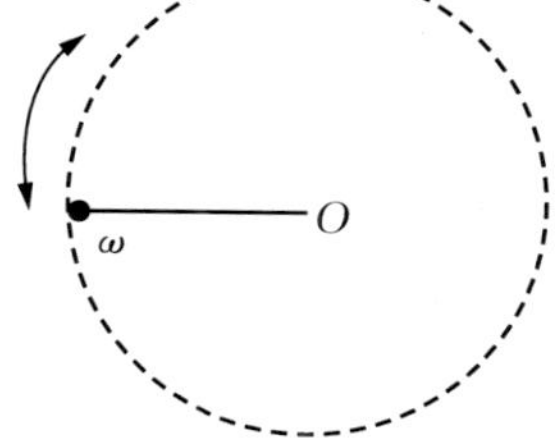

第三十图

$$\therefore F\times r=a\sum mr^2 \quad \cdots\cdots\cdots\cdots (30)$$

是以惰性矩者,生角加速度时所用之托克(torque)。($\mathcal{T}= Ia$)

二十二　各种物体之惰性矩

惰性矩视物体之形状而异。设惰性矩为 I,而 $a\sum n=M$, 则可得以下各种公式。

【甲】一纯粗大之棍,轴穿过棍中心,而其长为 L,则

$$I = M\frac{L^2}{12}$$

【乙】同上之棍,轴穿过一端,而其长亦为 L,则

$$I = M\frac{L^2}{3}$$

【丙】长方形体,轴经过中心点,而与一边平行。设一边之长为 a,一边之长为 b。轴两分 b 边而与 a 平行,则

$$I = M\frac{b^2}{12}$$

【丁】长方形体,轴与平面垂直,而经过中央,则

$$I = M\frac{a^2+b^2}{12}$$

【戊】圆薄片,轴穿过中心,与圆面垂直,半径为 r,则

$$I = M\frac{r^2}{2}$$

【己】圆薄片,轴与直径平行,半径为 r,则

$$I = M\frac{r^2}{4}$$

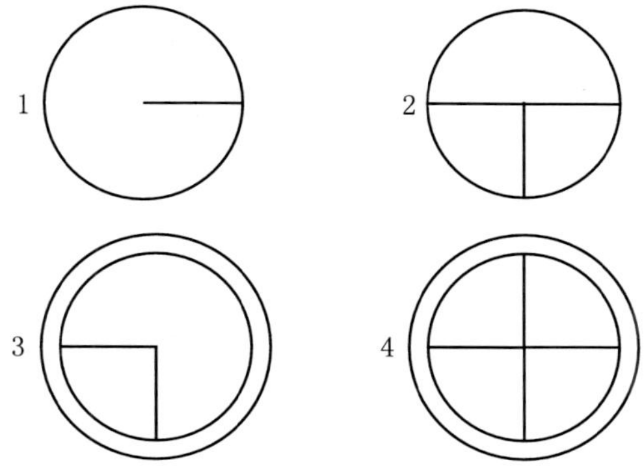

第三十一图

【庚】圆环，轴经中心而与其面平行，外半径为 R，内半径为 r，则

$$I=M\frac{R^2+r^2}{2}$$

【辛】圆环，轴与任何直径平行，半径与上同，则

$$I=M\frac{R^2+r^2}{4}$$

【壬】椭圆形柱体，随其原有之轴而旋转，长半径为 R，短半径为 r，则

$$I=M\frac{R^2+r^2}{4}$$

【癸】人体之惰性矩，按旋转轴之部位及运动之种类而不同，大概可分之如下：

（一）人体直立时，依身体之重心线而旋转。同时两臂下垂，则惰性矩大概与椭圆形柱体相仿。撑高跳时，转体能得法，惰性矩可至最小之度。若两腿分开，则 R 增大，惰性矩即大。木马上之旋身分腿腾越，身体伸直易做，膝屈难做，亦是理也。

（二）侧卧时旋转之轴与身体之脊轴垂直。身体伸直则惰性矩大，身体屈缩则小。如脱手回圜下，身体挺直，不易转身，故非有重大之摆势不可。若脱手之时，髋关节稍屈，则旋身容易，摆势可小，即此理也。

第三十二图

（三）直立，臂左右平举，则身体之左右径增加，惰性矩亦增加。

（四）蹲踞身体之左右径不变，而前后径增加。因大腿在前后平举之部位，故惰性矩比两臂下垂直立时为大。

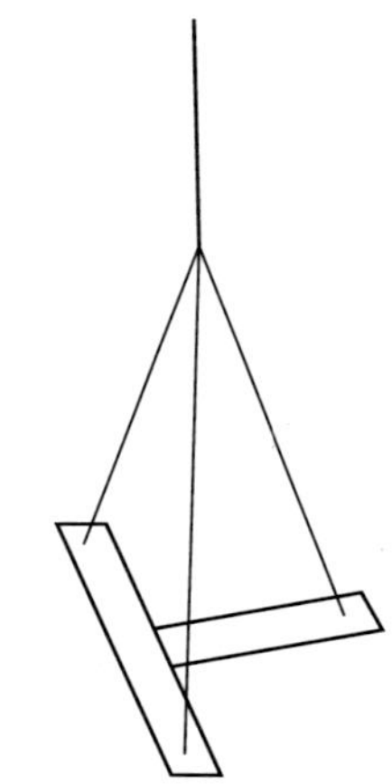

第三十三图　丁字形板

【子】人体惰性矩之测定　欲测人体之惰性矩，须先得一载身体之器具，而测定其惰性矩。丁字形板虽适于载人体之用，但为一不规则器具，无从测其惰性矩。故宜先将一规定之板测定之后，再置丁字板上而测之。其法先以一长方形之板按 $T=2\pi\sqrt{\frac{I}{\mathcal{T}}}$ 测定其惰性矩。次置于丁字板上，按 $T_1=2\pi\sqrt{\frac{I+I'}{\mathcal{T}}}$ 之公式求之。即 $\frac{T^2}{T_1^2}=\frac{I}{I+I'}$，$I'=\frac{T_1^2I-T^2I}{T^2}=\frac{(T_1^2-T^2)I}{T^2}$

设人体之惰性矩 I，丁字板之惰性矩为 I'，空丁字板之回转时间为 T'，人体立（或卧）板上之回转时间为 T，则

$$T = 2\pi\sqrt{\frac{I + I'}{\mathscr{T}}}$$

$$\frac{T}{T_1} = \sqrt{\frac{I + I'}{I'}}$$

$$\frac{T^2}{T_1^2} = \frac{I}{I'} + 1$$

$$\frac{T^2}{T_1^2} - 1 = \frac{I}{I'}$$

$$\therefore \quad I = I'\left(\frac{T^2 - T_1^2}{T_1^2}\right) \quad \cdots\cdots (31)$$

依公式(31)可测定人体各种部位之惰性矩。

【应用一】木马上之旋身腾越 是动作关于平均之理,另详于后,惟最要者为旋身动作。当时身体之伸直与屈缩,与惰性矩大有关系。身体伸直时,身体之前后径最小。屈缩时左右径虽不变,而前后径确增大,既不易做,且感困难。又若身体伸直,而旋转不依脊轴,则惰性矩更大,于是非用助跃台不可。

【应用二】掷铁饼 身体转动时铁饼之位置 掷铁饼利用离心力。而离心力与转之速度有关系。寻常身体旋转时,饼在右后下方,右臂保持伸直之姿势。因其惰性矩太大,旋转速度不易增大,故有用臂后平屈而饼在背后之姿势者(如第三十四图),其利益在惰性矩小,角速度大。虽然物理上之利益固多,而心理上之问题不易解决。人类脑筋之反应时间有一定,若旋转过速,脑力是否能应付,则是一问题。不论何种运动,物理心理常并行不悖,须两方顾到;经长时间之练习,方臻熟练。

第三十四图

【应用三】跳高时之旋身动作 跳高之旋身动作,上体卧倒易,上体挺直难。

霍郎(Holine)氏之方法,转体须在卧倒之部位行之,即此理也。

二十三　单弦运动(Simple Harmonic Motion)

单弦运动者,一物体总于一线上,为等速度之圆运动时,投射于垂直平面之运动也。其半径为摆幅,其直径为全幅,其一周之时间,谓之周期。而此最要之点,即加速度与速度之关系。二者处互为消长之地位,即一为零时,一为最大。在直径之两端,加速度等于圆之向心加速度,而速度等于零。在直径之中心,速度等于是圆之直线速度,而加速度等于零。加速度与 $\cos\theta$ 为比例,而速度则与 $\sin\theta$ 为比例。

二十四　摆(Pendulum)

摆为单弦运动。BC 为其圆半径,亦即摆幅也。由 M 至 A,或由 M 至 B,其时间为$\frac{1}{4}$周期。由 A 至 B 或由 M 至 $A(B)$再回至 M,为半周期。周期与摆幅之大小无关系,与摆长之平方根为正比例,与地心吸力之平方根为反比例。

$$T=\pi\sqrt{\frac{1}{g}} \cdots\cdots (32)$$

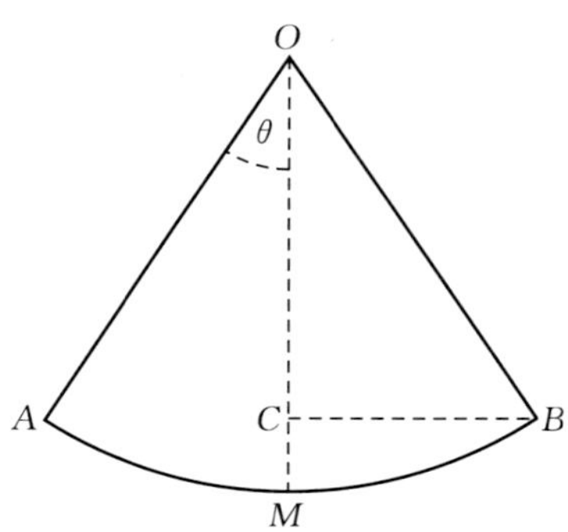

第三十五图

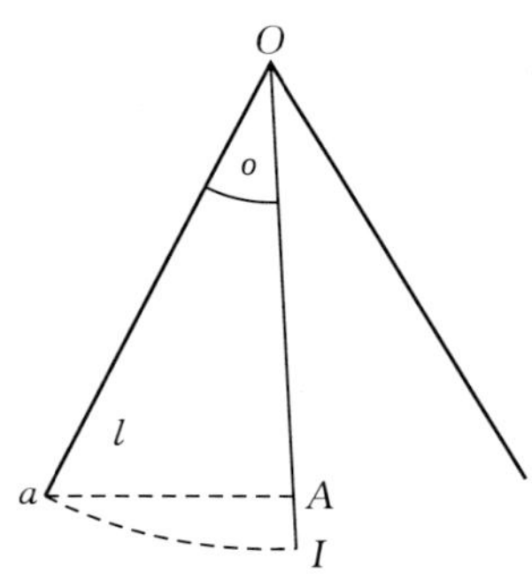

第三十六图

【甲】位能与摆长短之关系　在等大摆角之下(即 θ 为常数),则位能与摆之长短为正比例。如第三十六图,设摆长为 $r(oa)$,位能为 AI,则

$$OA = r\cos\theta$$

$$AI = r - r\cos\theta = r(1-\cos\theta)$$

设 $r=1$ 则

$$AI = 1(1-\cos\theta) \quad \cdots\cdots\cdots\cdots\cdots\cdots\cdots\cdots \quad (33)$$

设 $r=2$ 则

$$AI = 2(1-\cos\theta)$$

因 θ 不变,故 $\cos\theta$ 亦不变,而 $1-\cos\theta$ 亦不变,故 AI 之值,常与 r 为比例。

【乙】摆之长短与摆角之关系 设原有摆之长为 l,而摆角为 θ,则

$$AI = l(1-\cos\theta)$$

今摆之长缩为 $\frac{1}{a}l$

$\because$ $K.E.=P.E.$

$\therefore$ $A'I' = AI$

$\therefore$ $\frac{1}{a}l(1-\cos\theta') = l(1-\cos\theta)$

$$\frac{1}{a}l - \frac{1}{a}l\cos\theta' = l - l\cos\theta$$

$$\therefore \cos\theta' = \frac{l\cos\theta - l + \frac{1}{a}l}{\frac{1}{a}l} = \frac{\cos\theta - 1}{\frac{1}{a}} + 1 \quad \cdots\cdots\cdots\cdots \quad (34)$$

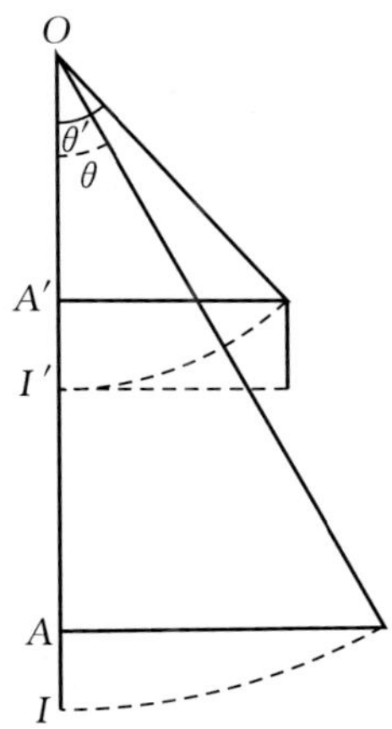

第三十七图

a 大于 1,则 $\cos\theta'$ 之值必比原来 $\cos\theta$ 之值为小。故 θ' 必比 θ 为大(如第三十七图)。

【丙】摆长与速度及加速度之关系 在同大摆之下,摆愈长则速度愈大,而加速度不变。

1. 据十四节

$$v = \frac{2\pi r}{T}$$

$$\left(\because T=\pi\sqrt{\frac{l}{g}}\ r=l\sin\theta\right)$$

$$\therefore v=\frac{2\pi l\sin\theta}{\pi\sqrt{\frac{l}{g}}}=\frac{2l\sin\theta\sqrt{g}}{\sqrt{l}}$$

$$\therefore v^2=\frac{4l^2\sin^2\theta g}{l}=4l\sin^2\theta g$$

$4\sin\theta$ 及 g 均为常数

故 v^2 之大小,视 l 之长短而定。但 $v^2\infty l$,故 l 加一位 v 加 $\sqrt{2}$ 倍。

2. 据公式(22)

$$a=\frac{4\pi^2 r}{T^2}$$

同 1

$$a=\frac{4\pi^2 l\sin\theta}{\pi^2\sqrt{\frac{g}{l}}}=4\sin\theta g$$

$4\sin\theta g$ 为常数,故摆之长短在同大摆角之下与加速度无关。

【丁】摆角与速度及加速度之关系 摆之长短一定,不论摆幅大小,而周期一定。但摆角大摆心所走之路长,反之则短。以同长之时间,行较长之路,速度必大。据公式(22):

$$v=\frac{2\pi l\sin\theta}{T}\quad \frac{2\pi l}{T}\text{为常数}$$

$$\therefore v\infty\sin\theta$$

$$\text{同理 } a=\frac{4\pi^2 l\sin\theta}{T}\quad \frac{4\pi^2 l}{T^2}\text{为常数}$$

$$\therefore a\infty\sin\theta$$

【习题】

(一) 设摆之长原为四呎,摆过垂直线时,则缩为二呎,原摆角为三十度。问摆缩短后之摆角几何?

（二）设一摆原有之摆角为三十度，今欲其增至四十五度。问该摆须缩短若干？

（三）以绳之一端悬于球架一竿上而摆之，俟其摆过垂直之部而以手引之（如第三十八图A部位），则球跃竿而过之，若回摆至 B 之部位而引之，则球绕竿不已，且绕之速度渐次增加。试解释之。

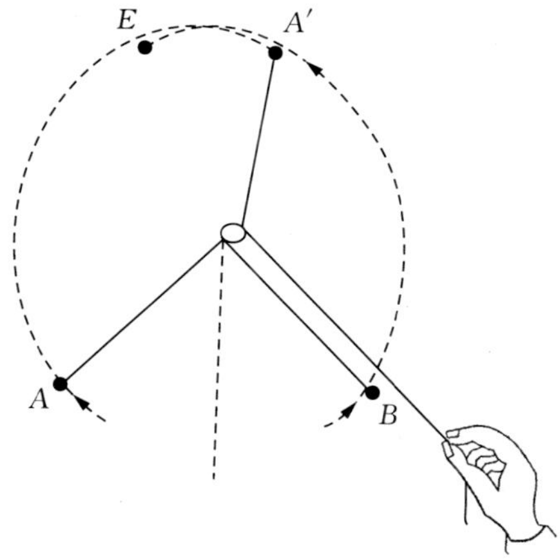

第三十八图

【应用一】吊绳上腾越过杠 是种动作完全应用摆之理。第一点所宜注意者，即摆角 θ 宜大，第二点身体伸直使摆增长。前者使位能大，后者使身体屈缩之后，摆角 θ' 可增大。又身体宜过垂直线后，方能屈缩引体。若在垂直线前行之，则减少地心吸力对于身体加速度之作用，并使身体无再屈缩之余地，而使摆角 θ' 增大也。最后过杠宜重蹬足，一方使绳上受反动力之作用而增大摆角 θ'，一方使身体腾起，易于过杠。

【应用二】吊环上起振 在吊环上欲摆动势大，最好用起振之方法，其步骤如下：

（一）向后振时举腿，所以使摆缩短，而增其摆角。

（二）向前回摆至前方时腿下落，使其摆心降低，位能增加。

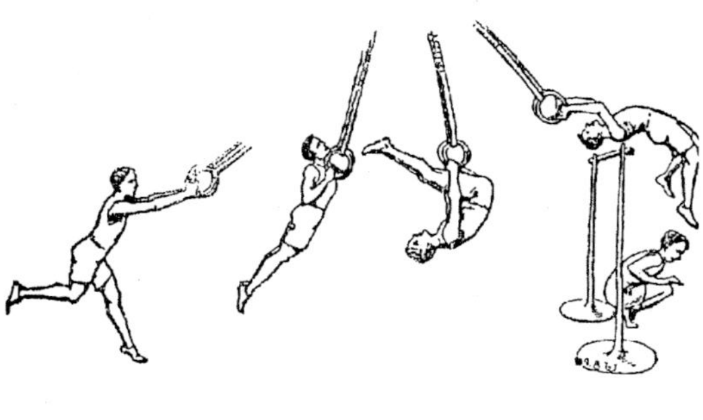

第三十九图

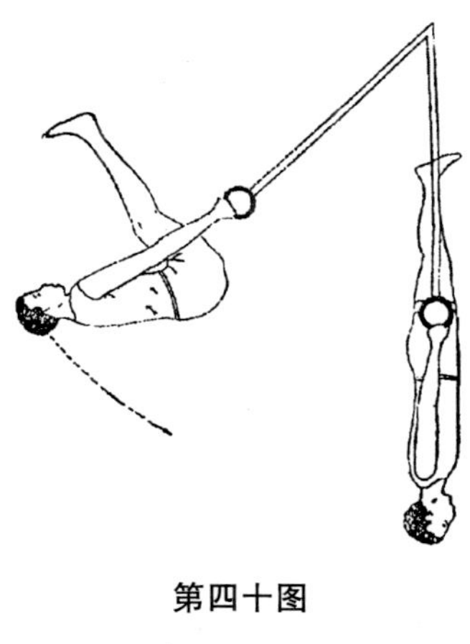

第四十图

【应用三】吊环上倒身悬垂时之起振法 是动作亦应用摆之理，德人常行之，人在吊环倒身悬垂之时，摆动至最高度，则将身体屈缩，所以使摆心降低。至近垂直线之部位，则身体伸直，所以使摆心上升，摆角 θ 得以增大。

二十五 工作(Work)

一力加于一物体，则此物体依其力之方向而移动，是力做相当的工作。物体若不移动，虽受力而不做工作。舟之驶于水面，地心吸力对于舟未有工作，因其动之方向与地心吸力成直角也。木之于大厦，虽支持极大之重量，其力相抵，不做工作。故测量工作之多少，须测其力之大小及移动之多少。即

$$W = FS \quad \cdots\cdots (35)$$

但 F 为 $m \times a$ 之乘积，

$$\therefore W = maS \quad \cdots\cdots (36)$$

若移动之方向与力之方向成 a 角，则

$$W = FS\cos a$$

赛跑时，欲身体在水平之方向移动。若两足推之力向斜上方，则力与水平线成一 a 角，起跑后身体若保持向前斜之姿势，则 a 之 cos 值即大，而身体对于水平方向所做之工作亦大。

【甲】工作距离 公式(35)中之 S，在径赛中为屈膝屈臀时至伸膝伸臀时间身体重心之距离，非身体向前移动之距离也；田赛中之 S，即指运动物件预备掷出之部位，至脱手而出之部位间之距离，非物掷出之距离也。是距离名曰工作距离。例如跳高，人体为 m，所谓工作距离者，乃预备蹬足时身体重心之部位(其时身体下蹲，髋膝髁三关节屈)，与髋膝髁三关节伸直后重心之部位间之距离也。推铅球时之工作距离，乃身体向右弯并，右肘向后张球之部位，与推出后手所至之部位间之距离。掷铁饼之工作距离，乃身体向右转，向右弯，臂后张时饼之部位，至铁饼脱手时手之部位间之距离也。凡网球，棒球，掷枪，掷篮球等，

莫不各有其工作距离。此工作距离,与工作之大小为比例。又在此距离间之加速度大,则工作亦大。掷铁饼之转身宜速,及各力之须同时并用,亦因是理。

【乙】接球时之工作 接球时手上所用之力。与球来之方向相反,对于球而言,所用之力为 $-F$

$$-FS=-W \quad \cdots\cdots (37)$$

若 $-F$ 大,则手对于球之反动力亦大,球由手中弹出,不能接牢;欲接球极稳,$-F$ 宜小,工作距离宜大。而 $-F$, S 仍可等于吾人所欲做的负工作。接急球时之手宜大缩,球入砂坑中,而不反动,皆可用是理说明。

【丙】工作之表法 工作为力与距离之乘积,故得以面积表之。若力为一常数,则可以长方形表之,其一边表距离,一边表力量。

若力由 0 而渐渐等加至某量,则工作为力与距离之相乘积之半,可以一直角三角形表之,其底边为依力之方向移动之距离。垂线 F 为力之终结量,a 表等加速度之大小。故工作等于 $\frac{1}{2}FS\cos a$,可以下三角形表之(如第四十一图)。

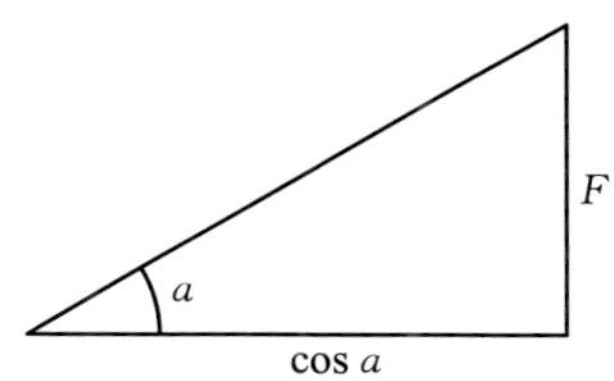

第四十一图

二十六 工率(Power)

工率为工作之时间率。同样之工作,而其工率之大小,与工作之时间有关系。即工作时间愈短,工率愈大。故

$$P=\frac{W}{T}=\frac{FS}{T} \quad \cdots\cdots (38)$$

工率在田赛与径赛各有其解释。在径赛为 $\frac{maS}{T}$, m 为人体,a 为向前跑之加速度,S 为举踵时人体重心之高与足着地屈膝时重心之高之差。跑时足推地之时间愈短,则工率愈大,而身体向前推出之距离亦愈大。盖时间与工率确成

反比例。在田赛亦然。推动一物件，经某工作距离，其所费之时间愈短，则工率愈大，而推出之距离亦愈远。然此工作距离，不能测量，只能从客观方面，测量工率所发之投射距离，为其工率之测定。

【甲】麦克乐氏田径运动分数表之力学根据 氏所著田径赛分数表，全根据工率标准。即工率愈大，得分愈多。然工率与成绩居何等关系，兹据力学而求之。由公式(38)

$$P=\frac{FS}{T}=F_{v}$$

又 $FS=\frac{1}{2}mv^{2}$　$\frac{1}{2}m$ 为常数，若工作距离相等，则 $F\infty v^{2}$

$$\therefore P\infty v^{2}v(=v^{3})$$

又如推铅球抛物线之公式

$$S=\frac{v^{2}\times\sin 2\theta}{g}\quad 如\frac{\sin 2\theta}{g}为常数，则\ S\infty v^{2}$$

$$\therefore\sqrt[3]{P}\infty\sqrt[2]{S}$$

$$\therefore P\infty S^{\frac{3}{2}}(=S^{1.5})$$

【乙】田径运动分数表之制法 人受生理之限制及心理之限制，各人成绩，至一定之度，难于进步。初学跳高者，由三呎而进至四呎极易，再由四呎而进至五呎较难，更由五呎而进至六呎则极难。同是进步一吋，在三四呎之间易，在四五呎之间较难，在五六呎之间，则极难。故同是一吋，所得之分数，当有参差。即在五六呎间者宜多，而在三四呎间者宜少。美国青年会各体育家，在十五年前即明了其中关系，当时制定之分数表，类皆出于武断，无力学之根据，故不适用。民国十二年间，麦克乐氏根据力学另制分数表，其方法如下。

(一) 田径运动分数之计算　由〔甲〕节即可知两人成绩之比，不能即谓其分数之比。如铅球推二十五呎与推四十呎之人比较，其分数不能以 8 与 5 之比批给。盖愈远进步愈难。欲二十五呎进步一呎易，欲四十呎进步一呎难。故其分数之比，当为 $40^{1.5}$ 与 $25^{1.5}$ 呎之比。今知推铅球之世界成绩为 51 呎，而其所得分数为 925(因若以 1 000 为世界成绩所得之分数，即日后尚有更进步者，无从计分矣。又若以最小之成绩为零，则是为外国成绩，中国尚有较外国零分之成绩为小者，则无从计分矣，故从 25 分为正常曲线上之零)。今知推铅球之世界成绩为 51 呎，平均成绩(由多数成绩中统计而来)为 43 呎，铅球之方数为 1.5，则其所得分数，可按下式求得。

设 x 为所得之分数，W 为世界成绩，m 为平均成绩，则

$$\frac{925}{x+25}=\frac{W^{1.5}}{m^{1.5}}$$

$$\therefore x=\frac{925\times m^{1.5}}{W^{1.5}}-25=\frac{925\times 43^{1.5}}{51^{1.5}}-25=688$$

径赛之公式稍异。径赛之成绩，以秒数计，秒数愈多，成绩愈小，秒数愈少，成绩愈大。故上公式中，W^n 与 m^n 之位置适相反。

故

$$x=\frac{925\times W^n}{m^n}-25$$

(二) 求各项运动方数 n 之方法　今以推铅球为标准，而算出百码之方数，百码之世界成绩，为 9.6 秒，平均成绩为 10.36 秒，则 9.6 秒与推铅球之 51 呎相当，10.36 秒与 43 呎相当。

百码

$$\frac{W^{1.5}\,\text{shot}}{m^{1.5}\,\text{shot}}=\frac{W^n\,100y}{m^n\,100y}$$

$$\therefore n=\frac{\dfrac{\log W\text{shot}\times 1.5}{\log m\text{shot}\times 1.5}}{\dfrac{\log W100y}{\log m100y}}$$

$$=\frac{\log 51\times 1.5-\log 43.7\times 1.5}{\log 10.29-\log 9.6}=3.3$$

高栏 $n = 2.26$

铁饼及标枪 $n = 1.183$

跳高及一切立定跳 $n = 2.03$

跳远 $n = 1.87$

撑竿跳高 $n = 1.78$

引体向上 $n = .517$

俯卧撑双臂屈伸 $n = .655$

盘绳比快 $n = .925$

二十七　能力(Energy)

上节所论工率(Power)及工作(Work),皆为一种结果,而其所以生工率及工作者,则全恃能力。故能力实为工作之要素,可分以下两种论之。

【甲】位能(potential energy)　弯之弓,旋紧之发条,已装之气枪,皆有隐藏待发之能力。机关一拨,即现工作。此隐藏之能力,曰位能。举起之物体,预备未推出之铅球,起跑未发之运动员,皆具位能。位能以 $E = mgh$ 表之。即一物体举起之高度为 h,而其质量为 m。则因地心吸力之作用,而其位能为 mgh。在推铅球时,位能为 $E = maS$。盖 S 与 h 相当,为预备部位,至铅球脱手部位之距离也。a 为推者之肌力所能发生之加速度,与 g 相当,m 为铅球。跳高时蹬足前所有之位能,亦等于 maS。

【乙】动能(kinetic energy)　铅球推出之后,球受力之作用,即发生运动,而此球上所有之能力,即为动能。唯能力平时不发生何种力量,须遇抵抗力或障碍物,始发现。

【丙】动能以质量及速度而表之方法　设一力 F 作用于一物体 m,而其作用之时间为 t,则其结果为 Ft。据第二定律

$$Ft = mv \cdots\cdots\cdots\cdots\cdots\cdots \text{(a)}$$

设又有一力,使物体等加速度之运动,则其平均速度为开始速度与终结速

度和之半。而此平均速度，一方亦可以物体移动之距离，除以时间而得之。

$$\therefore \frac{S}{t}=\frac{1}{2}v \quad \cdots\cdots\cdots\cdots\cdots\cdots\cdots\cdots\cdots \text{(b)}$$

(a)×(b)

$$FS=\frac{1}{2}mv^2 \quad \cdots\cdots\cdots\cdots\cdots\cdots\cdots\cdots\cdots (39)$$

FS 即力 F 在 m 物体上所作之工作。$\frac{1}{2}mv^2$，即 m 物体所有之动能。

【丁】位能与动能之关系 位能与动能互为更换。设一工作，发现于 m 物体，而举之高为 h，则此物体有 mgh 之位能。若此物体下落，则失位能而得动能，至下落经 S 距离之后，则其动能可由 $v^2=2gS$ 算出，即$mv^2=2mgS$，因 $S=h$

$$\therefore \frac{1}{2}mv^2=mgh \quad \cdots\cdots\cdots\cdots\cdots\cdots\cdots\cdots\cdots (40)$$

当摆摆过垂直线而至他旁，则得位能。当达最高点而下摆时，位能渐变为动能。至垂直之部位，位能消失，全以动能而上摆。于是动能渐渐减少，变为位能。至最高点，则动能消失，全变为位能。若此摆无摩擦力及空气无阻力，则二能互相变换，其值不变。摆动亦不息。

【应用】接棒球

棒球丢愈急则速度愈大，而其动能亦愈大。因 v 增一倍，而 $K.E.$ 增至四倍也。接球时，手若不退缩，则手易受伤，动能为之也；若退缩极快，而退缩之距离亦极大，则手受动能之作用甚小，不觉有何等痛苦。盖 S 大则 F 即小。

【问题】 缩球之动作，何以须极快？缩球之速度与来之速度若相等，手上有无受动能之作用？

二十八 摩擦力(Friction)

两物体相接触，一物体欲移动，其间常生一种阻力而停减其运动，即摩擦力也。摩擦力等于摩擦系数乘压力($F=\mu P$)。摩擦系数与面之精粗及滑剂之有无有直接关系,与接触面之大小及压力之大小无关系;而压力 P 与物体之重量有关系。赛跑时之跑鞋,所以有钉者,盖以增加鞋与地面间之摩擦力。又在地板上之着象皮鞋及光滑之地板上擦松香,皆所使 μ 之值增大也。

二十九　弹性(Elasticity)

物体受外力之压迫,变其形或变其体积。所生之反动力而使之回复原来之形式或地位者,曰弹性。外力使物变形者,曰变形(strain);使物体回复至原形或复原位者,曰应力(stress)。弹性 $e=\frac{\text{stress}}{\text{strain}}$, e 等于 1 时,弹性最大。钢丝在弹性限度以内,往往为 1。极好之网球,亦近于 1。

弹性与反射角之关系:当球以角度斜掷于地时,若无旋转之动作,而其弹性等于 1,则入射角当等于反射角;若弹性小于 1,则反射角大于入射角。例如下图 AO 为球投射之力,可分为一垂直向下之力 AB,及向前进之力 BO。触地之后 AB 反动而为 CD, BO 不变。因 CD 小于 AB,故反射角$\angle COE$ 大于入射角$\angle AOE$。故弹性不足之网球,落地反射往往极低。

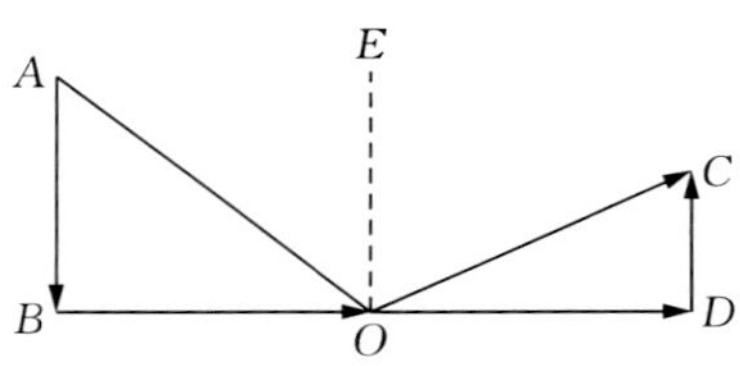

第四十二图

三十　物体之安定(Stability)

物体受地心吸力之作用,常觅一较低之部位而静止。故重心愈低,安定之度愈大。设重心在支点之下,则安定平衡。例如悬于单杠上,支点在手上,重心则在脐上,故安定度大。反之重心在支点之上,欲其安定,重心须在支持之根基以内。例如倒立于单杠上,重心须在两手中,又须在掌骨中,普通掌骨之长度不及掌之宽,故双杠上倒立易于单杠上之倒立也。平衡可分三种:

(一) **不安平衡** 物体起动之后,转矩增长,重心直接下落,如第四十三图(1)。

(二) **随处平衡** 物体起动之后,转矩不变,重心之高低亦不变,如第四十三图(2)。

(三) **安定平衡** 物体起动后,因根基甚大,起动之后转矩减短,重心升高,如第四十三图(3)与(4)。A 为物体起重时回转之中心,BD 为由安定而至不安定之距离,BD 愈大,安定之度愈大。

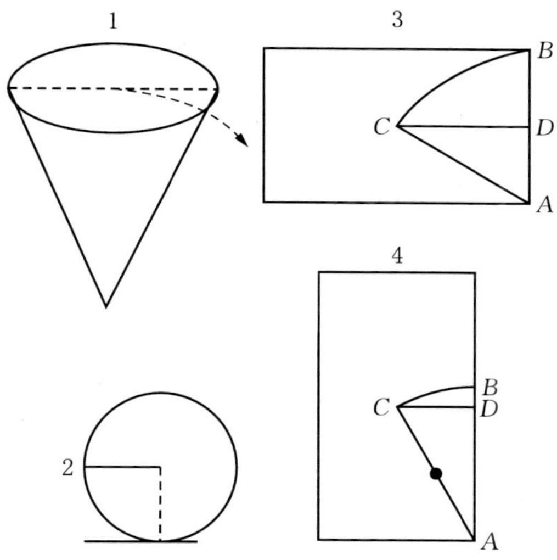

第四十三图

体操动作目的养成平均之功夫者,根基宜小。以健身为目的者,则根基宜大。向前之动作,宜用向前箭步或出步。向侧之动作,则宜用开立或向侧箭步。

三十一 平衡(Equilibrium)

运动上所谓平衡,即身体成一直线,首足两端相称之谓。大概可分两种:

（一）重心在支点之下　在吊环上，平身悬垂（四十四图）。身体在水平之部位，重心在支点下之垂直线上，则得平衡。此时身体成一直线。头与足前后若相等，则其力转矩相等，而身体上不可用力。然实际上用力极多者，因上身之转矩短于下体之转矩，欲保持其力转矩相等，故背肌，臀肌须极用力。否则失平衡而下落。

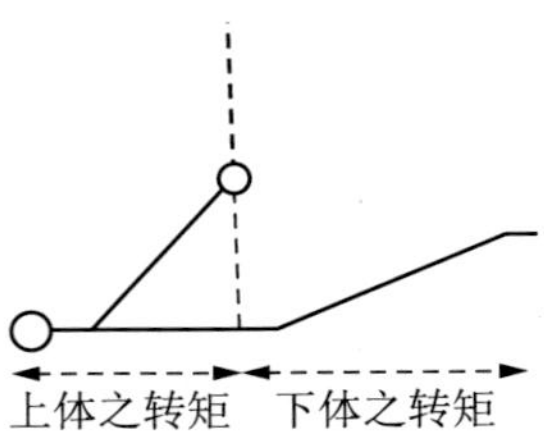

第四十四图

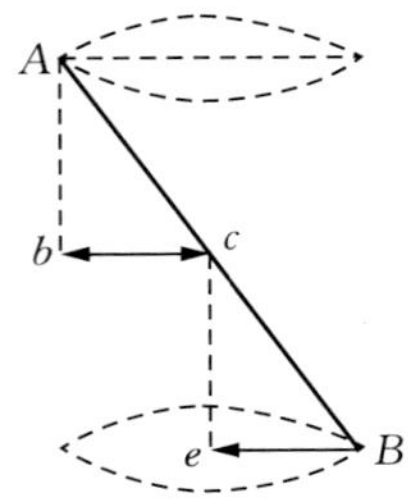

第四十五图

（二）重心在支点之上　支持之点须在重心之直下，身体一端之力臂与地心吸力所成之力转矩，须与身体他端之力转矩相等。例如第四十五图，转矩 Cb 与重心以上身体重量之相乘积，须等于转矩 Be 与重心以下身体重量之相乘积相等。木马上之三背腾越（如第四十六图），各种腿绕圜之动作，及单杠由前正撑，双腿绕至后正撑等，皆应用是理。故足向右方，头须向左方。足在左方绕圆圈，头须在右方绕圆圈。

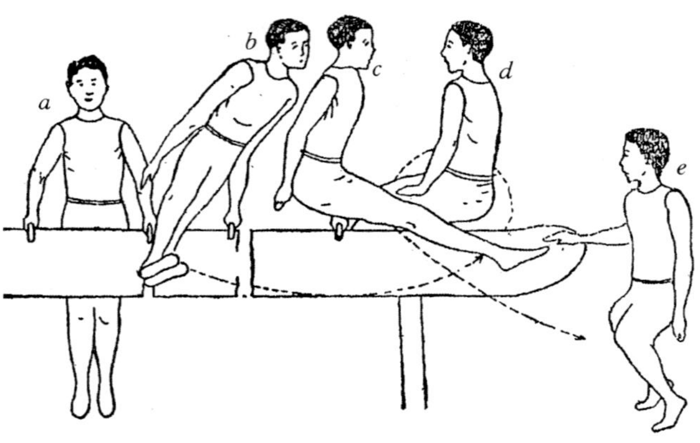

第四十六图　三背腾越

三十二　杠杆(Lever)

【甲】杠杆之种类　一杠杆上有三点。重点,支点,力点是也。支点与重点之间曰重杠,支点与力点之间曰力杠。三者位置变更,可有三种不同之杠杆。

（一）支点在重力二点之间　如以足挺物,足尖为重点,踝节为支点,踵为力点。

（二）重点在力支二点之间　如起踵(俗谓脚跟点起),足尖为支点,踝节为重点,踵为力点。

（三）力点在支重二点之间　如手提物而屈肘,肘节为支点,二头肌末为力点,手为重点。

【乙】杠杆之利益　杠杆之利益有二。

（一）以小力起重物　是类杠杆,力杠常大于重杠。

（二）以大力增速度　是类杠杆,力杠常小于重杠。

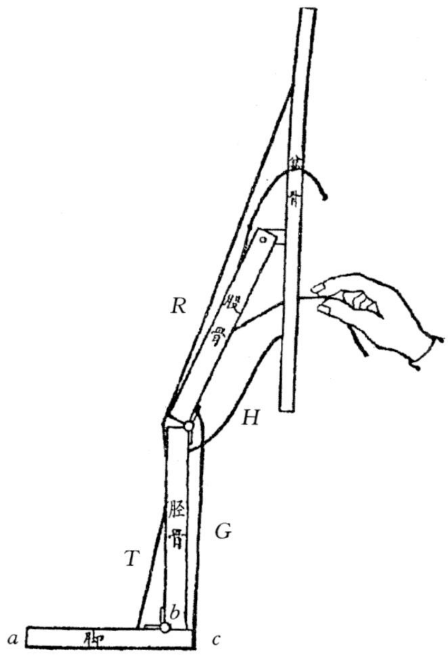

第四十七图

a 脚尖;*b* 踝关节;*c* 踵;*T* 前胫骨肌;*G* 腓肠肌;
H(hamstring)股二头肌,半腱肌,半膜肌;*R* 股直肌;*P* 肠腰肌

【丙】人体内之杠杆 人体内之杠杆为骨，肌肉之末为力点，关节为支点，重点无定。以第二种为最多，第一第三种极少。且力杠短于重杠，而重杠之长度能自由增减，故运动时大有利益焉。

（一）力杠常短于重杠之例 两臂向前平合，同时肘节伸直，重杠由手指端起至肩关节止，等一臂之长，力杠由胸大肌之末至肩关节，长不过二吋。又以手提物，重杠为重物至肘关节间之距离，长在一呎以上。力杠为肘关节与二头肌末点间之距离，其间不过一吋有半。

（二）人体内重杠可自由增减之例 人体各部，有关节可屈伸，屈时使重杠减短。例如举腿之动作，重杠为脚尖与髋关节间之距离。若膝关节与髁关节屈，则重杠减短。反之，若在膝髁二关节伸直时，则重杠增长。

【丁】杠杆与运动之关系 人体之肌肉牵引骨骼，皆属圆运动。故重杠与力杠之长短与角速度均有关系。

（一）重杠及力杠之长短与直线速度之关系 人体内之力杠为关节与肌末间之距离，已如上述。设肌肉收缩之度（即缩短之长度）及肌肉收缩之速度同。力杠愈长，则直线速度愈小。例如第四十八图（甲）（乙）。Oe，Og 为力杠，OB 及 OF 为二骨，gh 及 eh 为肌肉，ee' 及 gg' 为肌肉缩短之长度。

$ee'=gg'$。BB' 及 FF' 为 OB 及 OF 二骨端之直线速度。由（甲）（乙）二图，可以比较力杠之长短与直线速度之关系。即骨之长短及缩短长度相等，力杠与直线速度为反比例，$Oe>Og$，而 $BB'<FF'$。

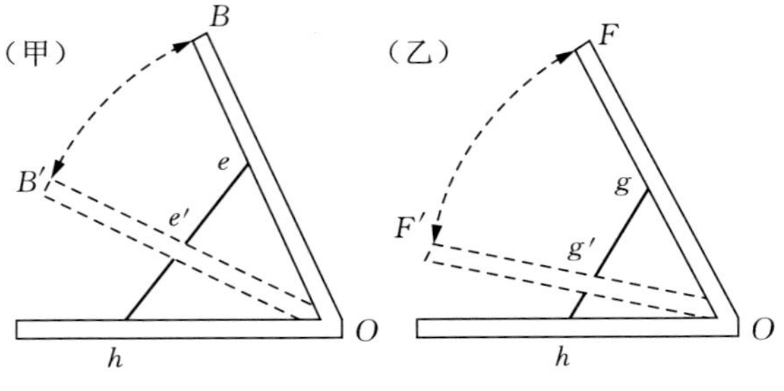

第四十八图

人体为敏捷之机械，故力杠常短。至于重杠(即 OB 及 OF)，则与直线速度为正比例。踢足球、拍网球，欲球出而有力，膝须伸直。盖肢末之直线速度大，而球所得之速度亦大也。

(二) 重杠及力杠之长短与角速度之关系　肌肉缩短之度与收缩之速度同，则力杠愈短，角速度愈大。例如第四十九图(甲)(乙)，$OB = OF$，$ee' = gg'$，mn 及 pq 为角速度。因 $Oe > Og$，而 $mn < pq$。

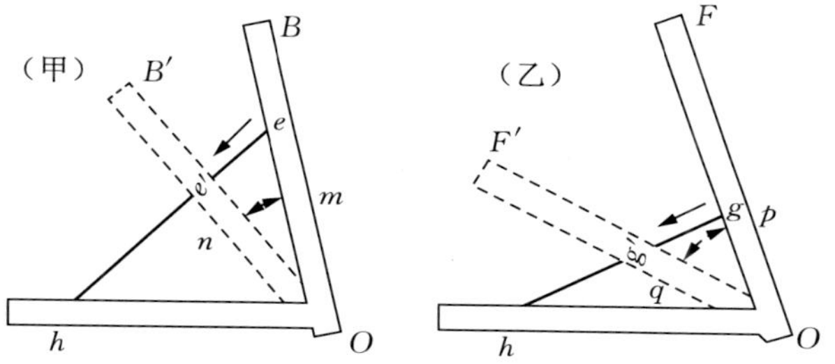

第四十九图

又同大之力杠，同大之直线速度，则重杠愈短，角速度愈大(盖乙图中之 OF 为圆运动之半径，依公式(25)$\omega = \frac{v}{\gamma}$。即运动体之半径与角速度 ω 为反比例)。

人体之四肢，由数关节而成，可以伸缩，有增长或减短之余地，即角速度亦有增减之余地也，故人体宜于作各种机巧动作。

凡人之体格高大者，其杠杆必长，若其肌肉充分发达，则运动之效果必优于杠杆之短者。如跳高，跳远，掷铁饼等，莫不应用长大之杠杆。夫杠长固费力，但据用进废退之理，重杠长者，费力多。即肌肉之发达机会亦愈多。彼杠杆短者，虽有省力之利益，确少增加速度之利益。欲与杠杆长者比较运动之速度，非各部肌肉收缩快速不可。例一矮子与身体高大者并行走路，矮子之步数，须较高者为多。即肌肉收缩之次数多，而收缩之速度亦须大，否则落后。比赛之时，不论身体高矮皆试以最大之速度运动。体格矮小者速度易于达到极点(按反应时间 Reaction Time 不因体之高矮而有别)。故高矮两人，其练习之功夫同，其神经肌肉之反应时间同，其身体健康状态同，身体高、杠杆长者速度有增大之余地，而其便利当优于体格矮小之人。

三十三　管中之水流(Flow in Pipes of Variable Section)

水平之水管中，一端之压力大于他端，则水向压力小之一端流动，压力初加之时，水由静止而得加速度。至一端之压力常保相等时，管中各部所流之量，与管中各部之压力皆相等。此在管径各部相等之水管习见之现象。若管径不相等，而其一端之压力常保相等，其各部所流之量相等，其速度不相等，即由膨大之处向缩小之处速度大，缩小之处向膨大之处速度小，欲缩处之速度大，膨大之处压力不能不较缩处为大。故膨大之处速度小而压力大。反之由收缩而至膨大之处速度减。而压力增加，结果膨大之处压力大而速度小。由是可知速度愈大，压力愈小。速度愈小，压力愈大。压力大小之差视管径之大小之差而定，并由水流速度之大小而定。人体内之血压，与血流之速度大有关系。有心病者，往往血压大，故往往虚肿。因心弱，血速度小也。空气属流体，亦有同样之现象。如第五十一图所示之凸形管，下附以与其底同大之纸，上插有针入管中(针之功用在防其左右移动也)，由管之上端吹之，则空气经管中及管底与纸之间，速度大增，压力因之减少。故大气压力压纸之下面，而使之不得脱落。

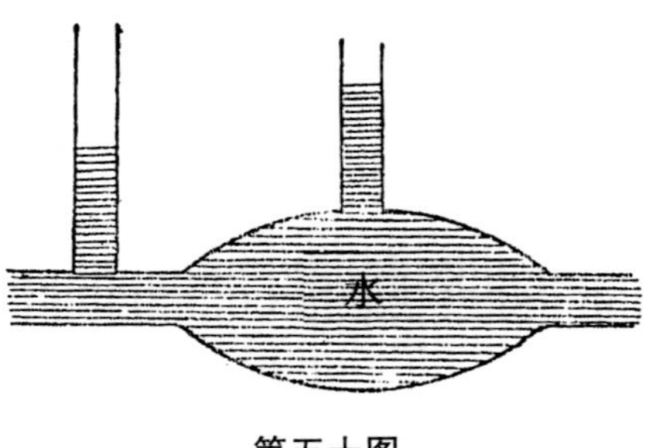

第五十图

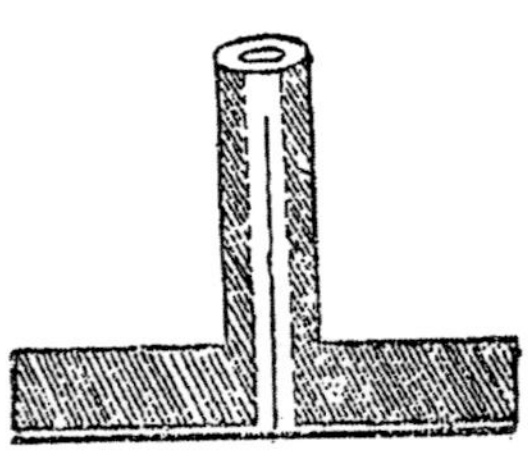

第五十一图

棒球丢出之时，及足球踢出之时，同时有旋转作用。其所走之路径为曲线，是因球两旁所受之压力不相等而然。设球出而有旋转之运动，则球前方之空气向球而来(如第五十二图)。B 方之空气逆之流动,故速度小而压力大。A 方之空气顺之流动,故速度大而压力小。球遂向 A 方偏向虽然球线离手时,球向前之速度大,因空气之阻力,球向前之速度渐渐减小,一方球转之速度不易减小,因之向一方偏斜之速度,始终所差不多。故弯曲之度,起初不大。例如第五十三图,ox 为偏向速度,oy 为球前进之速度。因 oy 大于 ox 数倍,故 oo' 曲线,改变之方向不多。至向前之速度减慢,而与偏向之速度所差无几,于是弯曲之度更甚。如第五十三图,球由 A 至 B,及由 F 至 G 比较,可以明了,发棒球时,至垒上始现弯者即此理也。

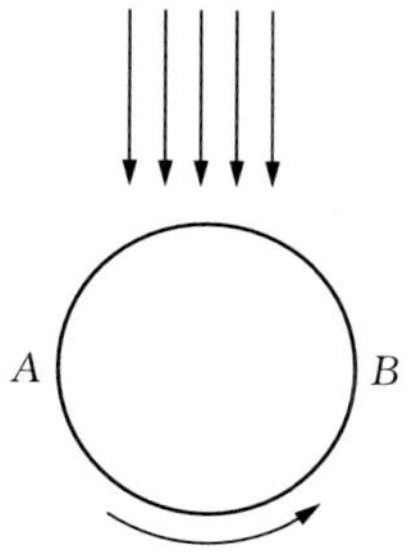

第五十二图

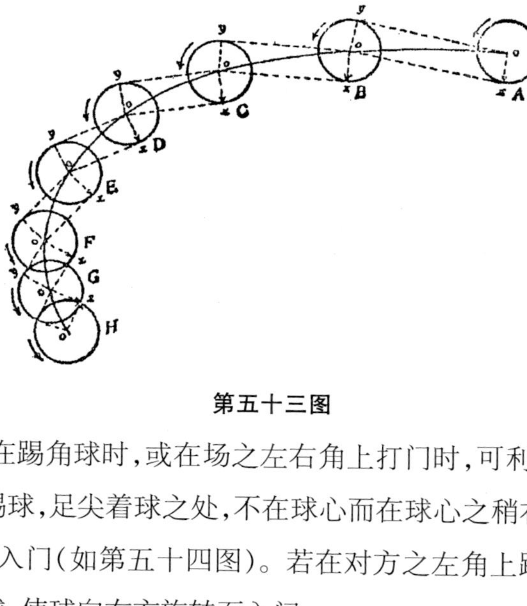

第五十三图

【甲】关于足球之应用 在踢角球时,或在场之左右角上打门时,可利用是种曲线球。如在敌旁之右角踢球,足尖着球之处,不在球心而在球心之稍右方,使球向左旋转,向左方偏向而入门(如第五十四图)。若在对方之左角上踢球,宜在球之中心稍左方之处着球,使球向右方旋转而入门。

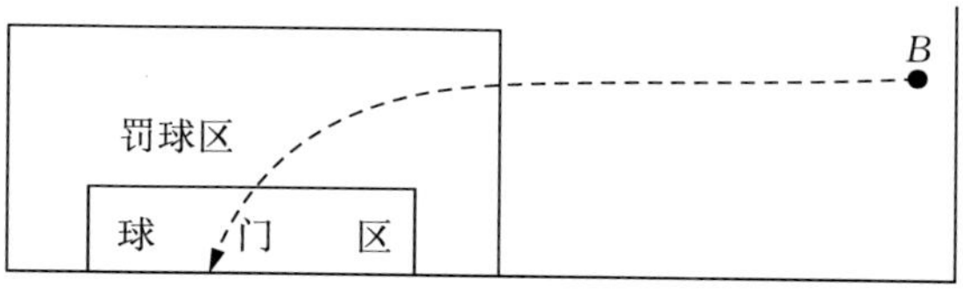

第五十四图

【乙】关于棒球之应用 棒球应用曲线球者,莫如发球员,目的使打者不能认明球来之方向,而所打不中也。普通有以下四种。

(一) 内曲线(incurve ball) 球掷出之后,向右旋转。至垒之近旁则向打球者之身体偏向(如第五十五图),其法有二。

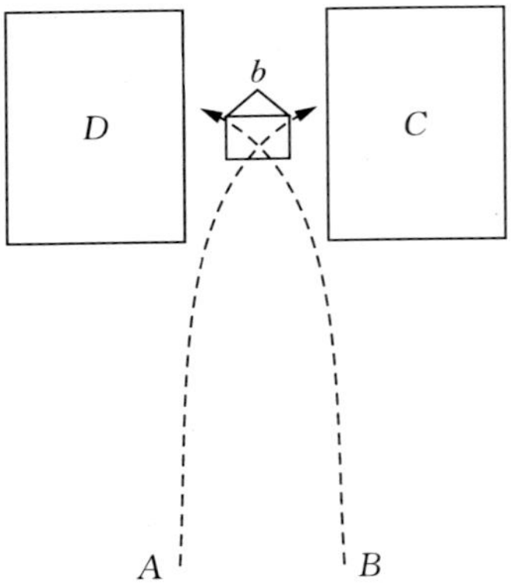

第五十五图

A 为棒球之内曲线;B 为外曲线;DC 为打球员立之区域;b 为本垒区。

1. 球从大拇指与食指中出,以食指与中指行钩之动作,使球向右方旋转。

2. 球从中指与无名指中出,以中指食指压球,使之旋转,其时腕宜伸直,使球转轴近垂直之部位。

(二) 外曲线(out curve) 球丢出之后,向左旋转,至垒处向打者之远方偏向(如图 b),丢此球时,球之半突出食指与大拇指所成平面之外。而此平面向身体之右方,腕节过伸。

(三) 下落球(drop) 球之执法与外曲线同。唯丢出时食指与拇指所成之平面,与水平面并行。丢出之后,球向前回转,过垒上面下落。

(四) 上曲线(curve up) 丢出之后,球向后回转,至近垒处,球向上升,丢时手掌向下,以食中二指钩球,使生向后回转之动作。

第二编 运 动

第一节 器械体操

一 振身上(Uprise)

【甲】高横杠上 是动作,从悬垂之部位,利用向后之摆势,上至前正撑之部位也。

(一) 屈臂引体,至屈肘悬垂之部位。

(二) 举腿向上,至弓身悬垂之部位(第五十七图 *b*)。

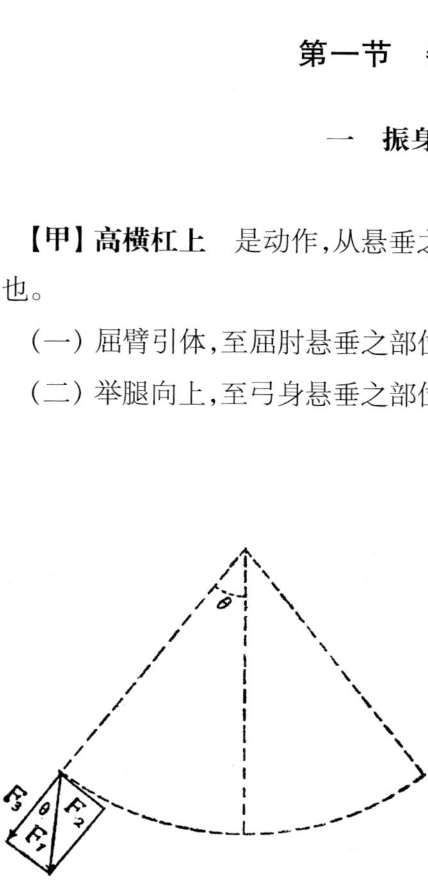

第五十六图

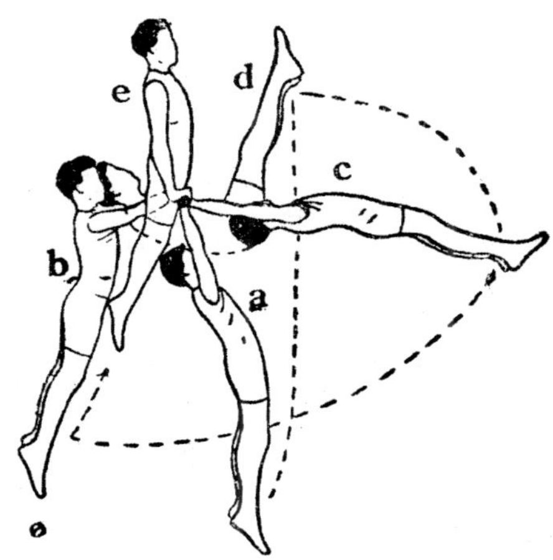

第五十七图 单杠上振身上

(三) 双足极力向前上蹬,同时双臂前推,促身体挺直于前方(如 *c*)。

(四) 在身体向后回振,重心将过杠下之后,身体向后上摆。尚未了之前,即预备引体。是因引体之初至上撑之间,隔若干时,若太迟,则引体之力,受向前回摆速度之干涉,终归失败。若引体太早,则摆之利益不能利用。例如第五十六图,原来引体之力为 F,在摆至 θ 角时,则所用之力为 $F_3 = F\cos\theta$,即 θ 愈大,F_3 愈小,而省力愈多。

【乙】在双杠上 从前挂臂悬垂之部位,尽力向后振,上至中侧撑之部位。其物理作用,与在高横杠上相同。双腿及臂均上伸直(如五十八图 b),得最大之摆角。至摆过垂直之部位时,则压臂上撑。

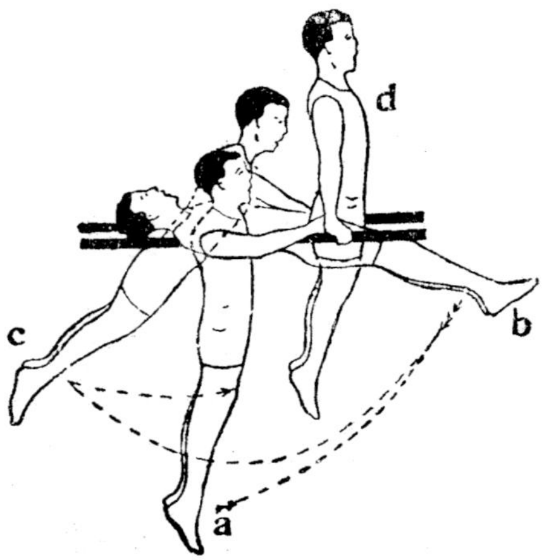

第五十八图　双杠上振身上

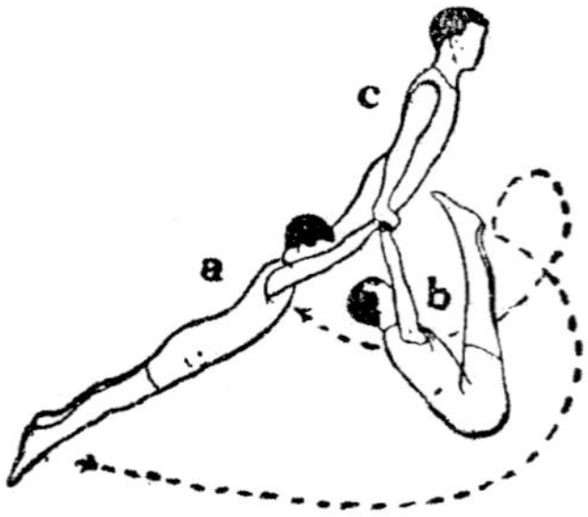

第五十九图

【丙】在吊环上 动作与在高横杠上同,但身体向前摆至最前方,或向后摆至最后方时,均可行之。所异者,摆之范围较大,而所费之时间较多。故引体之时间可稍迟,若太早,则受上摆之力干涉,太迟则受下摆之力干涉。故引体终了之时,当在摆动至最前方,或最后方之时。

二　蹬足上

【甲】在单杠上

(一) 寻常蹬上　其要点如下

1. 斜跳 使得极大之摆角。

2. 直臂挺身向前振，至将向后回振时，即举腿使之近杠。在重心向后经过杠下时，极力向前蹬足，上至前正撑之部位。

3. 力学之应用 是动作应用蹬足之反动力(蹬足之动作向前，而其反动力向后，参观第九节第十七面)。反动力与两臂下压之力，及向后回转之力，三者合成向上之力。若太早，则蹬足之反动力不向后而向下。太迟，则不但向后回摆之力消失，且受地心吸力之干涉。故蹬足以重心将过杠下之时为最合式。又当蹬足之后，重心宜切近杠，以减少离心力。

(二) 挺胸蹬足上 从直立部位，由后方前斜跳上。向前摆动至过杠下之时，极力向前挺胸，同时两腿保持垂直之部位(如第六十图 b)。其用意在使两臂摆动之角度加大而身体摇动之势较小。及挺至最前方，立即举腿至悬垂之部位(如同图 a)。两臂垂向后摆回之动作，臂摆动之角度加大，身体摇动之势较小。及挺至最前方，立即举腿至弓身悬垂之部位(如同图 c)，乘向后回摆之动作，下压上杠。同时挺胸，头向前倾，以助身体近杠。是动作与寻常蹬足上不同，后者利用反动力多，前者利用两臂下压之力及头前倾之力多。

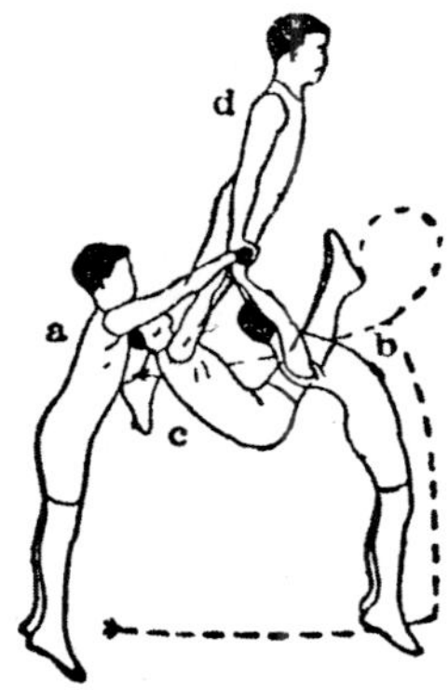

第六十图 挺胸蹬足上

(三) 反身蹬足上 是动作为高横杠上最难之上法。作者经半年之久，始得学成，故其方法有研究之价值。

1. 斜跳 所以增加摆势。

2. 向前振至最前方，双腿上举，从臂中穿过，至倒身举腿之部位(腿与身体成直角如第六十一图 c)。复振向前，值重心从杠下经过时，即速向后蹬足。令反动力迫身体向前上摆，同时极力挺胸，而上至后正撑之部位。

3. 要点 双腿上举宜在最前方，否则减杀摆动之势。蹬足太早，则至 b 时已无向上回转之势。太迟，则受回摆力量之干涉，更难上撑矣。

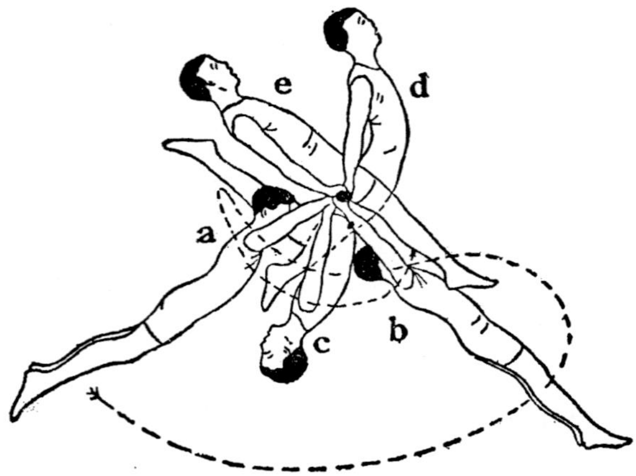

第六十一图　反身蹬足上

【乙】在双杠上　挂臂蹬足上，从前挂臂悬垂之部位，振至前方，向上举腿。随即前上蹬足，达中侧撑之部位。

是动作由上蹬之力与两下压之力合成而上。两手为旋转之轴，身体之重心须在轴上。故举腿之时，臀举不可太高。蹬足之后臀落轴上，上体循之向前上回转，下肢循之向前下回转，至中侧撑之部位。

【丙】在吊环上　各种动作之物理作用与单杠相仿。惟有三点须注意。

（一）举腿之时，宜在后摆过垂直之时。

（二）蹬足之时间，宜在摆速度等于零时。过早，则身体受上摆离心力之干涉，头不能向吊环中去。故蹬足之后，身体与绳垂直(如第六十三图 *b*)。

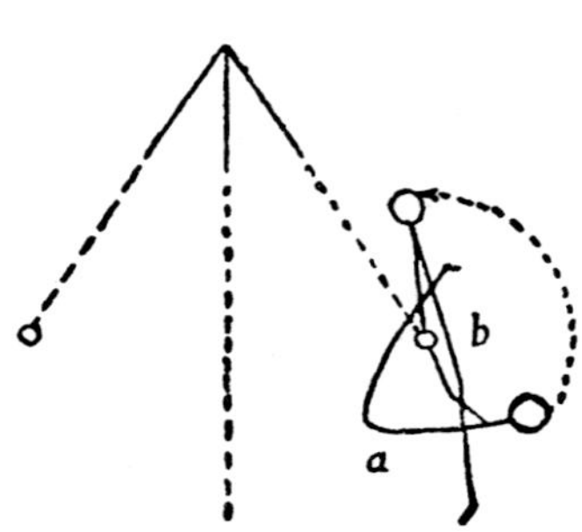

第六十二图

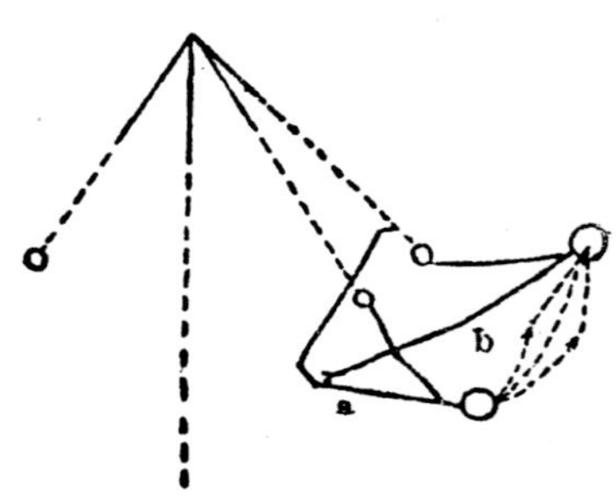

第六十三图

（三）若太迟，则身体回转之力，受向下摆动速度之干涉。蹬足之后身体与绳并行（如第六十四图 *b*）。

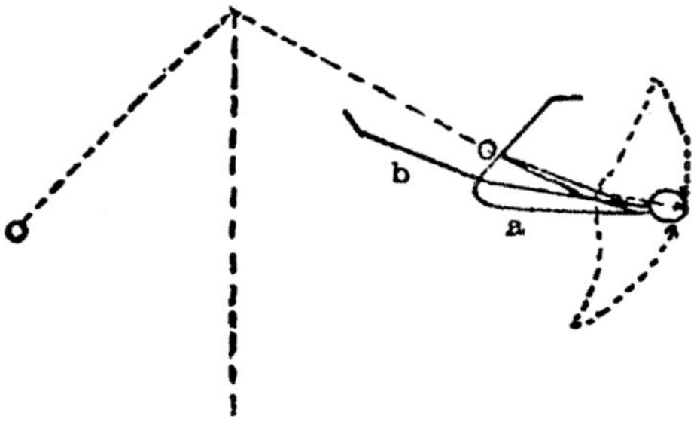

第六十四图

a 为未蹬足前之姿势　　b 为已蹬足后之姿势

（四）回转之轴，须在手上，重心宜在轴上，太下则身体往吊环之后，而离环甚远。

三　回圜动作

【甲】大回圜　俗名大风车，分向前向后两种；前者反握，后者正握。当向前向后下落之际，宜在最高之处，身体伸直，使转矩增长，位能增高。初学者，握手不牢，胆量不大，则下落动作，可在较低之部位开始。至上摆之时，身体较屈，使角速度增加，易回倒立之部位。

【乙】小回圜

（一）向前　从前正撑之部位，向前回绕一圜。开始之际，身体挺直，与地面成四十五度，以得位能。起动时，上体向前回转，腿向后回转，确成偶力。使上体与腿之动作一致，否则不能成功。

（二）向后　从正撑之部位，向前回绕成一圜，方法与向前同，起动时，双腿前平举，同时上体后倾，以得较大之位能。回转时，上体与下肢一致，方能绕成一圜。

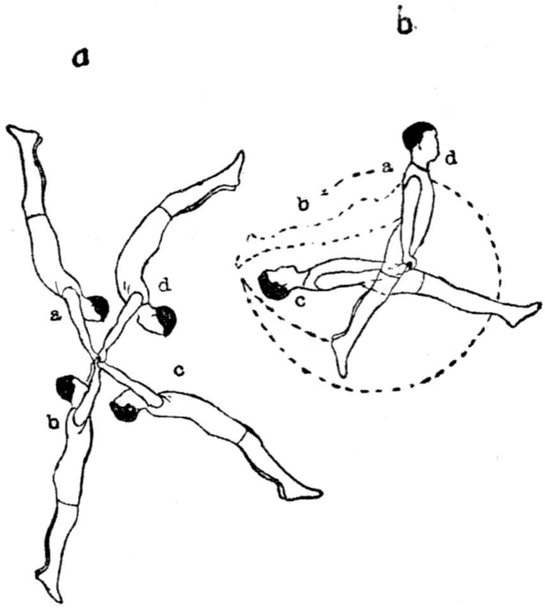

第六十五图

a 大回圜　　b 向后小回圜

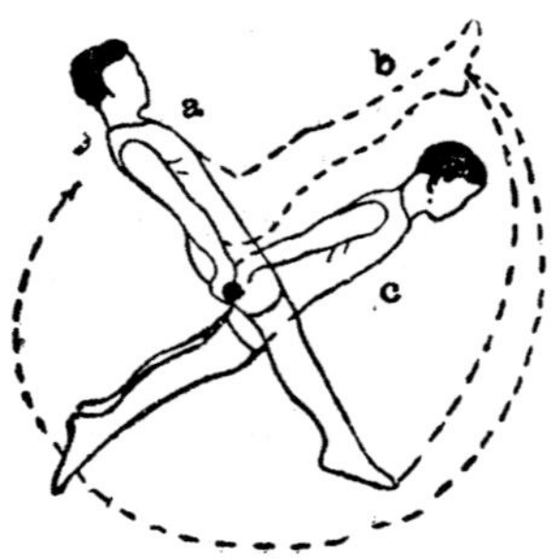

第六十六图　向前小回圜

第六十七图　向前小回圜

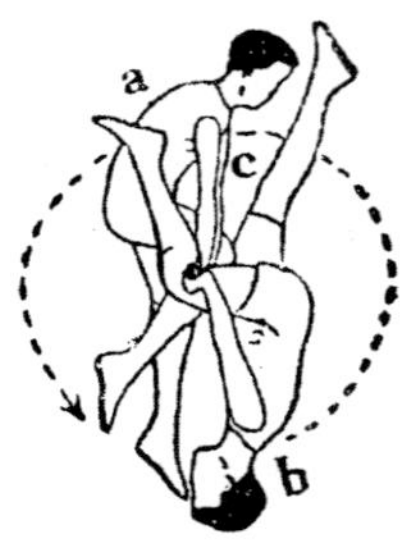

第六十八图　手膝回圜

【丙】手膝回圜　由手膝悬垂之部位，行回圜动作，可得以下数种：

（一）双手单膝回圜　两手在外，一腿在内，或一腿在外，均可绕成一圜。应注意者，为伸直之一腿，宜伸直而用力摆动，上体亦挺直与腿一致，使力转矩大。

（二）双手膝回圜　双腿在内或在外均可。起动之时，上体挺直，用力向后，使力转矩大。过垂直线而向上摆之时，上体屈缩，使角速度增加。

【丁】手臂回圜

（一）在正坐之部位，双手握杠，向前或向后回成一圜，举腿与否均可。起动之时，头宜向外抛掷，使头在一圆圈上走。若直向下落则头画圈不圆，终归失败。

（二）从侧骑坐之部位，回成一圜，俗名骑马风车，起动之时，身体宜伸直。

【戊】手与足背回圜 双手反握，双足背在手外方钩杠，向前回成一圜。起动之际，头宜向前注，膝伸直，多分开，胸挺直，同时放松，使转矩及位能增大。髁节全屈，以免脱杠。

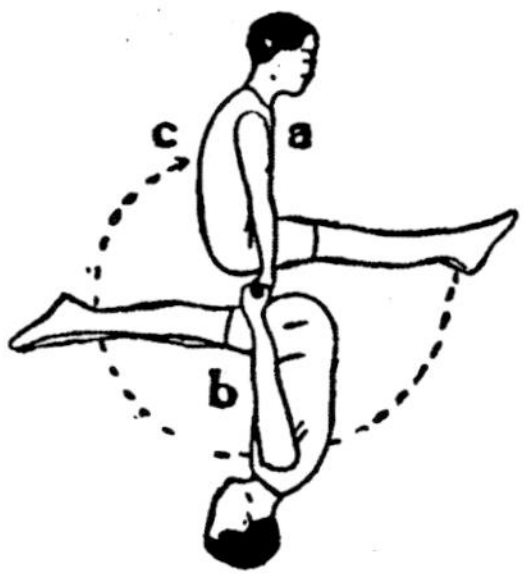

第六十九图　手臂回圜

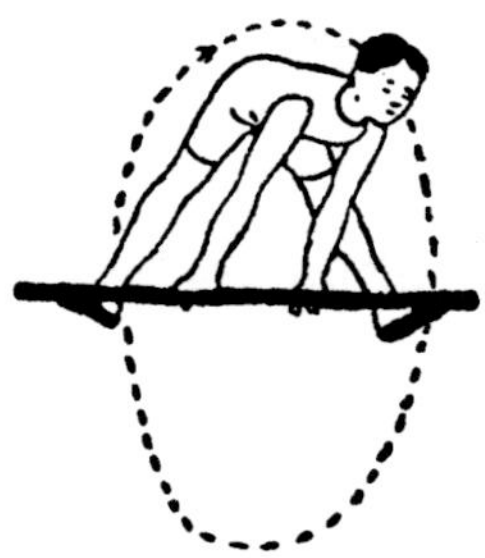

第七十图　与足背回圜

第七十一图　膝钩回圜

【己】膝钩回圜 又名脱手回圜。起动之时，上体伸直放松，向后上方倾倒，双膝牢钩。至身体上摆之时，上体屈缩，使角速度增加。

四　木马上之腾越动作

【甲】侧腾越 双手正握，双腿以身体之左（右）方向器械而过之。若向左边行之，则跳起之后身体之重心宜移于右手上，使支点两侧之力转矩相等，身体暂时经水平平衡之部位。

【乙】背腾越 是为水平腾越，以背向器械而过之。跳法握法与倒腾越同，惟身体转四分之一耳。转时，膝伸直，使惰性矩缩小。

【丙】俯腾越 起跳方法，同侧腾越，惟转体四分之一，以胸腹对器械，经过片时腾身撑之部位。此时平衡之姿势，最难维持。胸宜挺出，头向前注，臀肌荐棘肌用力收缩，使支持点前后之力转矩相等。

第七十二图　背腾越

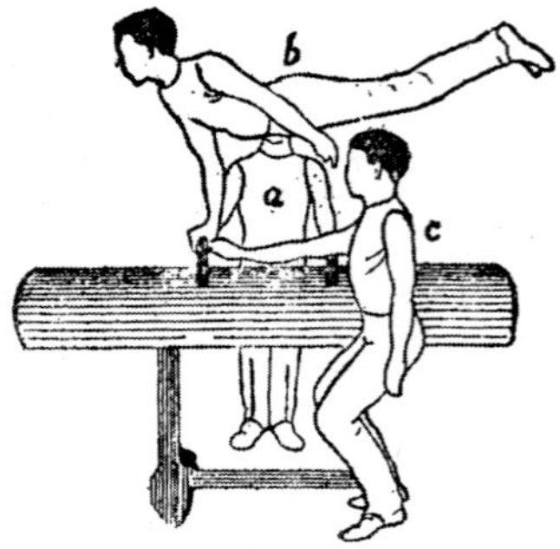

第七十三图　俯腾越

第七十四图　鱼跃

【丁】鱼跃　运动员由助跃台跳起，向前鱼跃，双手向助动员之肩而下落，跳上助跃台之后，宜乘台回弹之时跳起，则两腿下蹬之力与台回弹之力相反，反动力可大增加〔参观第十七面(一)〕。腾在空中时，身体水平，全体伸直，两腿并拢，助动员接着运动员之身体，勿向后退，只向上托其胸可矣。

五　单杠上向后脱手回圜下

人体前振至最高之部位时，——即脱手，在空中向后回成一圜，而落于地上。

是动作有二种做法：其一脱手之后，屈膝屈臂，利用缩短半径，使回转之角速度增加。然此往往因回转太多，而落地之时过直立之部位者，臂膝屈太多，及摆势太大为之也。屈缩之度数与摆势须有相当之比例。其二脱手之后，臂膝完全伸直，且挺胸举臂(如第十一图)，惰性矩极大。故摆势亦须极大，否则不易回转至直立之部位。

六　向前膝钩下

从正坐之部位，摆至最前方时，即脱膝前下于地上。是动作有三种做法：其一,由前正坐于单杠上之部位,向后脱手下落(如七十五图)。臂宜伸直,使转矩大,以得摆势。其二,由挂膝悬垂之部位,摆动数次,摆至最前方时,脱膝落于地上。所宜注意者,摆动之时,臂部伸直,使摆以膝钩之处为中心。

第七十五图　向前膝钩下

七　垫上运动

【甲】蹬足跃起　从仰卧举腿之姿势,极力向前上方蹬足,将身体跃起至立之部位。此种动作完全利用反动力,即向前上蹬足之力,使上体生推垫之反动力,而身体即赖此反动力举起也。最要者,举腿之后,颈前屈(如第七十六图 a),蹬足之时颈伸直,以增加推垫力量。此外身体回转之轴,宜在重心上,蹬足之后,宜屈小腿,使回转之角速度增加,且脚可速至重心之下站立(如第七十六图 b)。

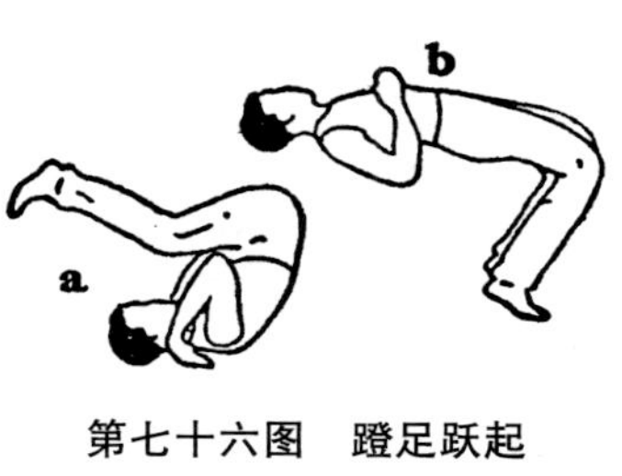

第七十六图　蹬足跃起

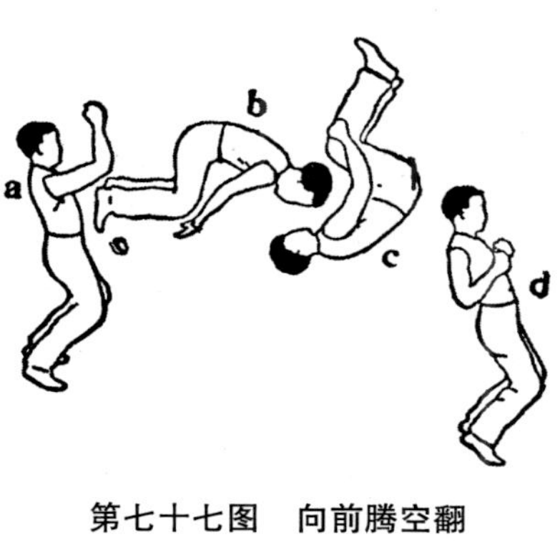

第七十七图　向前腾空翻

【乙】向前腾空翻　以双足跳,而腾身于空中。向前回成一圜,以双足落于

第七十八图 向后腾空翻

地上。加跑者较易，立定者较难。以下诸点宜注意：

（一）跳时须高，俾得在空中有充足之回转时间。

（二）上体向前下弯，下肢向后，臀向上后举。

（三）在空中之时，屈膝屈臀，两手抱膝，使回转之角速度增加。

（四）两臂向前下振，增加回转之运动量。

【丙】向后腾空翻 其方法及原理与向前腾空翻同，惟方向相反耳（如第七十八图）。

第二节 游 泳

水之阻力，大于空气数倍，利用得当，事半功倍。利用失当，事倍功半。故身体四肢在水中之姿势，宜详细讲究。

一 仰 游

【甲】两臂过顶交互推水两脚蛙式踢水法 是法有一定之程序，即两脚踢水之动作，与一臂推水之动作一致。同时头微下沉，以鼻孔呼气。一臂推水终了之后，两腿伸直，两臂紧靠体旁，四肢暂停片刻，使身体之抵抗面积减少，发生至大之效力。此后他一臂再行举起，同时以口吸气，两膝轻轻前提。欲是式之效力增大，宜注意以下诸点：

（一）上肢之姿势 手在空中之时，肘节腕节宜屈，使重杠缩短，减省三角肌之负担。手宜经面部头顶，免得上臂在侧方浸水，而倒行推水。推水之时，肘节腕节都伸直，俾推水之面积得以增加。

（二）一臂行推水之时，他一臂须停靠身旁，万不可同时举起。

（三）臂举起之时，不可有一小部份倒行推水。举起之动作，勿太急促，切勿有一点水落在面上。

（四）蛙式踢水后，腿提起之时（如第七十九图由 d 至 a）宜轻缓而髁节伸直，所以免避倒行推水。在 a 之部位，向 b 推水时，髁节屈，以增足底推水之面积。至两膝伸直之时髁节伸直（由 b 至 c）。

（五）两腿伸直至分腿之部位，向中夹水，速度宜大。

（六）至两臂紧靠身旁而两足相并时，全体伸直，稍停片刻。

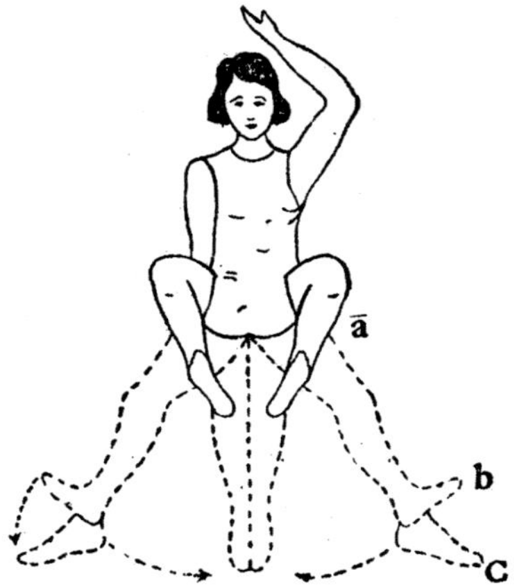

第七十九图

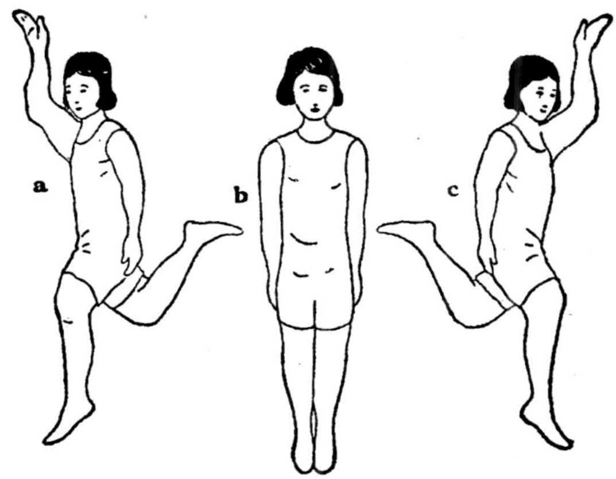

第八十图

【乙】两臂过顶交互推水两脚剪绞踢水法（alternate overarm，with scissors kick） 是法亦属仰游，但在前流终了之时，脊柱向侧转动，下方之腿，向前进之方向提起，行有力之踢水。再以背面浸水，向前流动。例如以左手推水，则在左方工作，以左右足剪绞踢水（如第八十图 c）。以右手推水，则在右方工作，以左右足剪绞踢水（如同图 a）。每次推水之后，继以仰天直卧之姿势（如同图 b）。此为身体前驶最力之时，全体宜伸直。是式为一极省力之游法，可终日不倦。

【丙】半身不遂之游法（the half paralized stroke） 是与上法相仿。惟用左脚踢水时，只用左手推水。右脚踢水时专用右手推水。他方之脚与手完全不动。方式适用于半身不遂之人，因此得名。

【丁】双臂过顶推水法（double overarm stroke） 与甲式相仿，惟两臂与两腿同时推水。其注意之点相同。

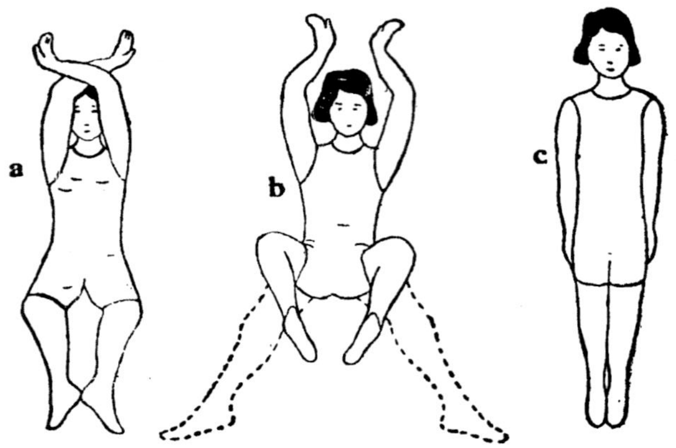

第八十一图　双手过顶推水法

二　侧　　游

【甲】手在水中法(the side underarm)　推水之动作,与两脚剪绞踢水连合。全体可分三节施行。(1)下方之臂推水,上腿前提,上方之臂前伸(如第八十二图)。(2)两脚踢水,同时上方之臂推水,下方之臂前伸。(3)两脚相并,上臂紧靠身旁,下臂上举。此时身体在一直线之部位(如第八十四图),确为向前之阻力最小之时,宜暂停片刻,俾得向前速驶。上臂活动之范围不大,推水与前伸之动作须紧靠身体。至近大腿时,宜停片刻不动。下臂活动之范围极广,宜尽量前伸及推水。欲是式之效力加增,应注意以下诸点:

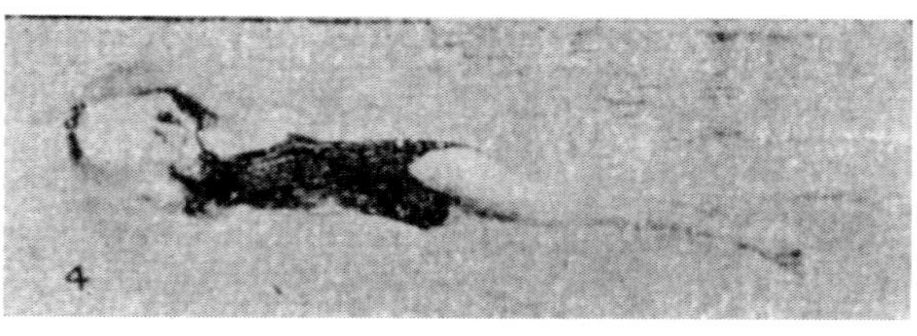

第八十二图　右腿上提之姿势

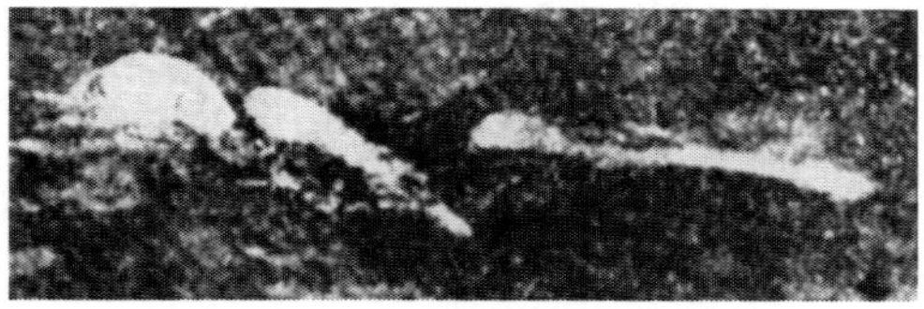

第八十三图　两腿夹水及手推水之姿势

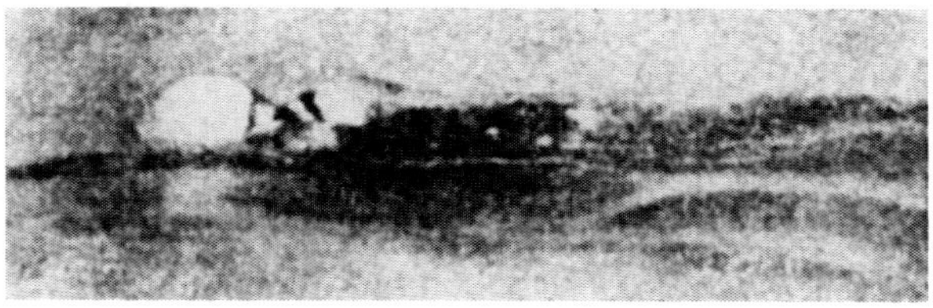

第八十四图　开始及终了之姿势

（一）臂前伸之时，手指向去之方向。

（二）推水时，手掌之面与去之方向垂直，手指并拢，增加推水面积。

（三）脚前提之动作宜缓，髁节伸直，使倒行推之力减至零度。

（四）脚踢水之动作宜快。

（五）向前速驶之时，全体伸直。

【乙】上臂出水法　是法纯系前式之变相。其异点一在上方一臂前伸之时，完全拖出水面，二在上臂推水之时，面与身体向下转也。全部动作可分三节：(1)下方之臂推水，双腿前提，上方之臂从水面向上前伸。(2)两脚踢水，上方之臂推水。同时身体向下转，面在水中，由鼻孔呼气。身体比重大者，往往全体浸水中。(3)两脚相并，上臂紧靠身旁，下臂前举，全体成一直线。暂停片刻。以口吸气。其应注意之点与上式同。

三　俯　　游

【甲】爬行游法(the crawl stroke)　是为两手交互提出手面而行推水之法。两腿平直打水，与手之动作无何等联络。臂长者或肺小而臂短者，每次推水(左右各一次作为一次)时,宜行呼吸。臂短而肺大者每两次推水,呼吸一次。臂长适中者,推手一次半呼吸一次(先在左方吸继在右方吸)。呼吸宜深,与臂之动作,有一定之韵律。万不可屏气不息。

腿打水之速度不一。臂每推一次,有打十次者,有打四次者,平均数为六次。大概大腿之肌肉强,肩胛之肌肉较弱者,腿打之数次可多。反之,则可较少。腿打之动作极重要,初学者宜注意学习。各部动作之注意点如下:

(一) 推水之动作,宜向后不可向前。小臂之推水动作宜快。

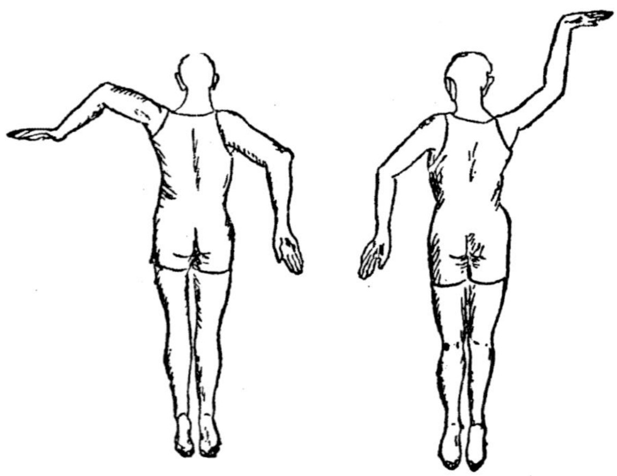

1　　2

第八十五图

(1) 左手为不合法之姿势　　(2) 为合法之姿势

(二) 肘宜提起,远离肋骨。在推水终了之时,尤须注意,以免大臂浸水,而倒行推水。

(三) 推水终了之际,大拇指须转向后。

(四) 两臂交互向前回转时,掌面注意向上〔如第八十五图(2)左手〕。与水面并行。万不可以手掌向水面〔如同图(1)左手〕或掌与水面垂直。盖前者易致大臂浸水而倒行推水,后者易使肘举太高而费力。

(五) 从一方吸气,面随上提之一臂转向。

（六）腿打水时，膝不可屈。

（七）手在最前方插入水中时，腕节宜屈，使手掌向后，推水之面积增加。

【乙】步行游法(the trudgeon stroke) 为两臂交互提出水面，与剪绞踢水连合之方法也。在侧游式中（以身体之右方向地面）剪绞踢水之动作与右臂以时针方向前绕之动作一致。在此式中，则逆时针之方向——前绕。（同爬行游法中之右手动作）剪绞踢水时，同时吸气，寻常左右手各推水一次，一腿踢水亦一次。亦有左右转动而行两次踢水者，非正式之法也。是式特殊之点，在踢之动作，注重在下方一腿。上腿向前上伸太远，则转动太多，不类俯游方式。

四　鱼跃(Dive)

水之抵抗力最大，鱼跃入水，欲不受水之抵抗，应注意两点：(1)手指先触水面。(2)身体前进之方向，与两臂并行〔如第八十六图(2)〕。初学者往往身体太平，与前进之方向成某种角度〔如同图(1)〕。且同时犯肩节膝节屈缩之病。一触水面身体与水砰击浪起数寸，体内外受莫大之打击；而成绩不过数尺。欲免是弊，宜注意两点：(1)脚尽力前跳，上体向前下方，与跳力和地心吸力二者之合力，取同一方向。(2)肩股膝三关节，竭力伸直。

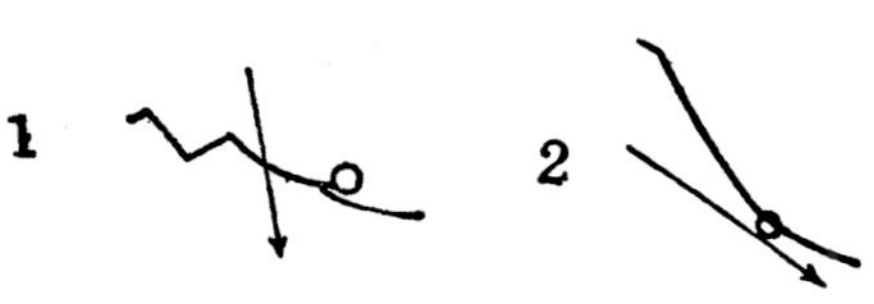

第八十六图　鱼跃入水时姿势之比较

1　不合法之入水法　　2　合法之入水法

【甲】向前鱼跃 学习时，宜由立定之部位做起。上体向前下弯，成四十五度。脚轻跳起，注意两手插入水中之动作，及身体入水之角度。正确后，再加跑之动作。前跳之距离，由近及远，渐渐增加。最要者身体与肩节膝节髁节均伸直，与水面成四十五度之角。

第八十七图　向前鱼跃

【乙】向后鱼跃　是项鱼跃，首宜解除恐头部受伤之感想，身体向后竭力挺胸，肩关节十分伸张。向上跳之力量，起初愈小愈妙。跳起之后，头竭力向后看。全体成弧形。入水之后自能回至俯卧之部位。

第八十八图　向后鱼跃

【丙】向前腾空翻加鱼跃(cannon ball dive)　是为向前腾空翻一周有半加鱼跃之动作。实际上毫不难做。最好之法，跃前加跑之动作。

【丁】向前腾空翻一周有半加鱼跃(forward somersault and dive)　跳起之后，两臂向前下振，发生旋转之惰性作用，同时头向下弯抱腿。如是则惰性短小，而回转之速度可以增加。至视线与水面成四十五度时，则全体伸直，此时万不可再行回转之动作。

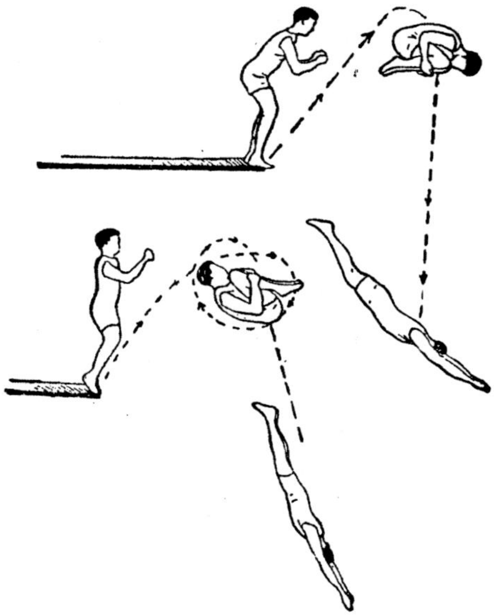

第八十九图　向前腾空翻加鱼跃

第三节　田 径 运 动

一　起跑(Start)

起跑之目的有二：(1)使静止之身体，在短时间内，达极大之速度。(2)使起跑动作本身迅速。欲达此目的，须根据力学，求最合宜之方式。自有赛跑以来，起跑之法，经两次变迁，前后共有三式。

【甲】第一种　为直立式，两足在起跑线后，前后出立，后脚跖部及身体重心间所连直线与地面所成之角太大。后腿后推之力 F，对于前进有利者为 $F\cos\theta$。但 $\cos\theta$。之结果与 θ 为反比例。直立起跑时，θ 角既太大，推身体前进之力，($F\cos\theta$)不得不小。欲身体在短时间得最大速度极难，故此式今已绝对不用(如第九十图)。

【乙】第二种　为蹲伏式，两手与前足尖，在起跑线之后，同在一直线上。两足立入穴中，后脚推身体之力，经重心之前。跖部与重心间连成之线，与地面所成之角太大。故起跑之后，身体易于抬起，第一步易趋过大。且因上下肢相隔太近，身体弯屈太多，觉不舒畅，实一极不自然之部位。今已废弃不用。

第九十图　直立起跑

第九十一图　旧式蹲伏起跑

【丙】第三种　亦为蹲伏式，最为合理，各国娴用之。兹为详细分析起见，分论于下：

（一）蹲伏之姿势　两手撑起跑线后，足立穴中。前穴离起跑线 10—25 粴（视运动员身体之高矮而行伸缩），不可太远，远则后腿推进之力量经重心之上部（如第九十二图 3），后穴与前穴之左右距离，约 10 粴，前后之距离视小腿之长短而定。（大概后腿跪地之后膝与前脚心齐）后膝跪地，两脚立穴中，宜以脚底之前半部抵穴之后面｛穴勿太浅太陡〔如第九十二图(1)(2)(3)〕｝。髁关节宜屈，使工作距离大。小腿后诸肌伸长，得有充分收缩之余地。向前跨之时，万弗有一点放松。否则蹬力无多。两足尖正向前。

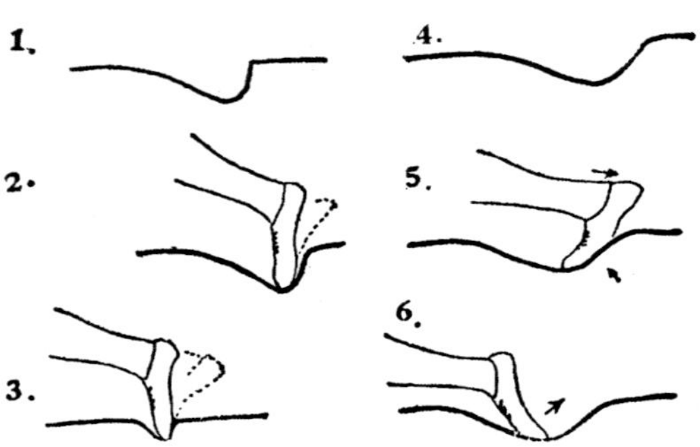

第九十二图

起跑穴及脚立穴中之姿势：1. 穴太陡。2. 髁关节太伸直，脚软化。3. 穴太浅，跖部无用力之点，起跑时踵下落，时间延长。4. 穴之正当形式。5. 脚之正当立法，髁屈。6. 根本无着力点。

两臂撑线后,微屈或伸直,两手之间宽与肩等。四手指宜向外,大拇指向内。

(二) 预备之姿势　运动员闻令之后,身体抬起,头向前看。后腿微挺直,(大小腿成 90 之角如下图 1),但不可太多。多则有二弊:(1)后腿推进之力,不穿过重心,而经重心之上,一部份之力费于无用。(2)后腿之工作距离减小,身体向前倾出不可太多。多则重心大向前,腿上之负担反小,而腿力亦无所用之。腿上之肌肉在未令跑前,须完全放松,不可紧张。

(三) 出发之姿势　及令跑或开枪之后,后腿向前跨出,髋膝髁三关节伸直,身体即向前进。前大小腿间之角度,由锐尖而增至 90°。故身体更向前进。于是后腿向前速跨短步,其大小腿所成之角,仍成 90°。惟小腿与留地之一腿并行(如第九十三图 4)。手离地之后,一臂向后重振,一臂向前重振,方向与同边之腿相反。身体与地面所成之角在 45°左右,若再较小,必向下倒。起初七八步,腿推进之力须正对重心。步伐宜小,速度宜大。否则向前倾倒。

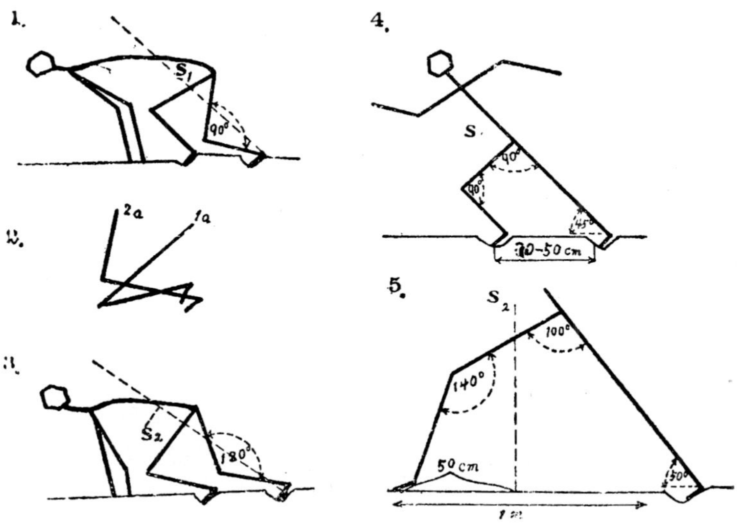

第九十三图　预备出发及出发后之姿势

1. 正当之预备姿势,后大小腿成 90°之角。脚后推之力,穿过重心。2. 1*a* 膝太向前,大小腿间之角太小,应后退至 2*a* 之姿势。3. 手距足尖太远,大小腿间之角太大。后腿推进之力,经重心之上。4. 发脚之后,身体前倾成 45°。跨步之角,与前一腿的大小腿间之角,皆为 90°。后方一腿推进之力,适过重心。第一步至多不得过 30—50 糎(中国矮小还可短些)。5. 步太长,前脚向上推进,阻碍前进。

第九十四图

Abb. 7.

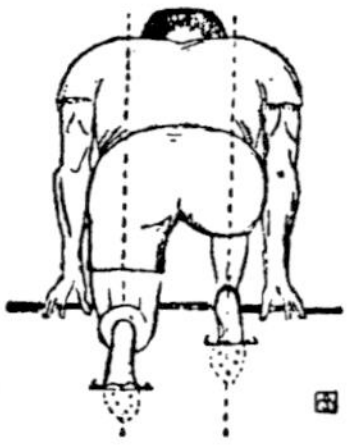

第九十五图

从后方看之起跑法:脚立穴中,膝勿向外指。

第九十六图

第九十七图

第九十八图

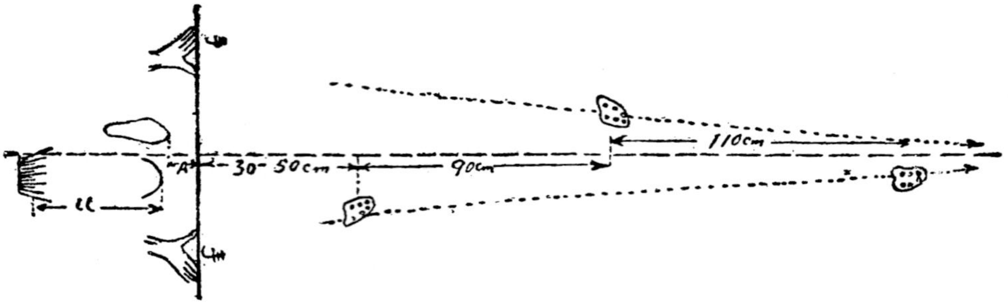

第九十九图

起跑及起初三步，由上面下看之大概：前脚及后膝离起跑线后 10—15 糎，手指斜外向，与肩等宽。第一步在起跑线前 30—50 糎，第二步为 90 糎，第三步 110 糎，第一步离中线 15—20 糎。

依实验之结果，跑至 15—18 米时，步伐增至最大。身体上所有之速度亦达极点。身体倾斜之角度，渐渐增加。至 15—20 米后，则成 65°—70°（如第一百图）。

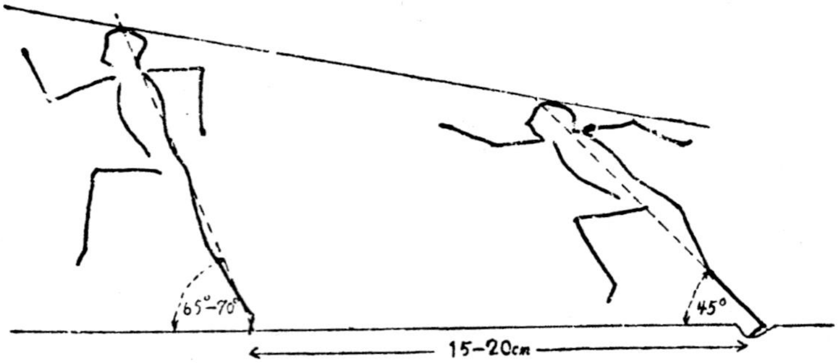

第一百图　体角

综观是式，身体各部，所用力量，皆促身体前进。可为最好之起跑法。

二　弧形跑道上之起跑法

人在弧形跑道上起跑，同时受离心力之干涉。其大小可由 $F=\frac{mv^2}{r}=$

$\frac{ma^2t^2}{r}$之公式计算。即弧线之半径愈小,离心力愈大。起跑之加速度(a)愈大,则离心力愈大。起跑之目的,欲在一定之短时间内,加至最大之速度,其间之加速度须大,故发生之离心力亦大。由实验之结果,加速度在起初数米(约 4—6 米间)最大。此距离内能向一直线跑,则可免离心力之干涉。故在弧形跑道上起跑,起跑穴宜掘在靠近外圈线上。目光向五六米前内圈线上看(如第一百零一图)。出发后之数步,向前直跑,至沿弧线跑时,身体之重量,始移内足之上,同时两臂向内斜摆动,身体不但向前倾 50°—70°并内倾 15°—20°。其多寡视弯度之多少及长短而定。

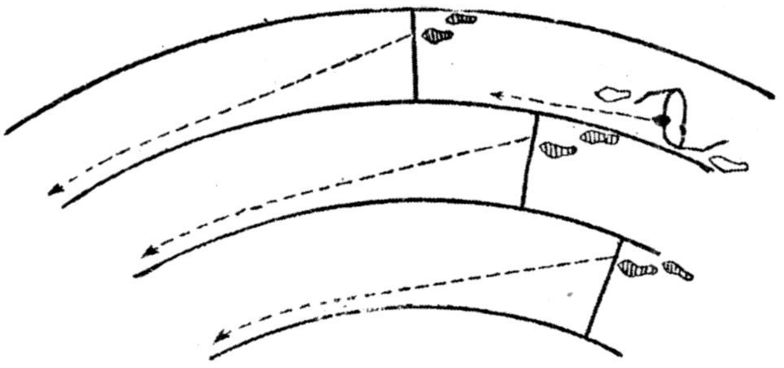

第一百零一图

三　踏步与摆动式两跑法之区别

跑之运动,专在推身体之前进。主持跑之运动之肢体,厥为两腿。两腿如何运动,才能达身体前进之目的,不可不根据物理来研究。跑之式样寻常有二种:一为踏步式,一为摆动式。绳以力学,以何种式样为合于物理,则不能不分析讨论。

【甲】踏步式

(一) 跑之方式　身体倾斜成 55°—65°,因其倾斜之度数大(即与地面所成之角小,寻常所称之倾斜度,乃指身体与垂直线间之角而言,与此适相反),故步之下地极快,膝高举近直角,其射影常在脚落地点之前方。脚下地之时,小腿在向前倾之部位,脚跟不落地。脚离地之后,举得极低。肩须放松,轻轻随臂摆动。大小臂间之角小,因之摆动可以快速。

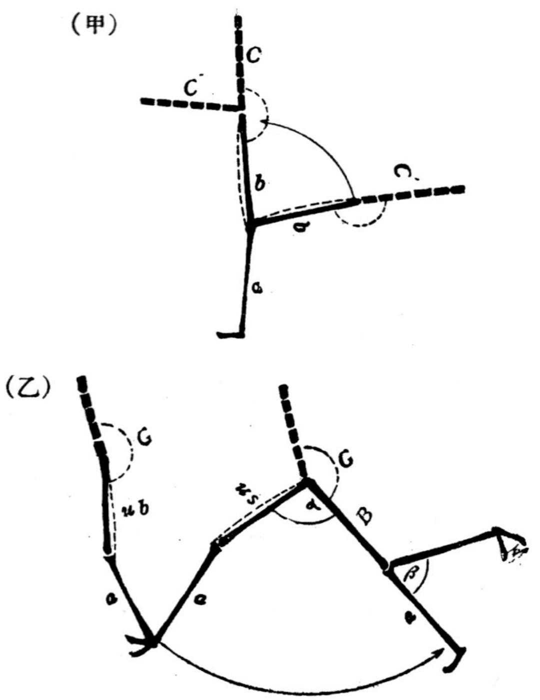

第一百零二图

(二) 力之分析　踏步式前跑之主要力量,在伸膝关节与股关节。若专伸膝关节而不伸股关节,则身体向前倾倒,如第一百零二图甲之(a, b, c)。若专伸股关节不伸膝关节,则身体向后仰如(a, b, c)。故两种伸之作用,对为身体之移动方向相反。若两关节同时伸直时,则取适中之部位(a, b, c)。因踏步式脚下地之时,足以脚尖下地,髁关节无多大伸直之余地,于是一步间之速度,全赖膝关节伸直之力量而促进。依圆运动之公式,$v = \omega r$。v 即为臀部向前之线速度,$r(=b)$为股骨之长度,ω 为角速度,即股骨回转 θ 角度所费之时间,$\left(\omega = \dfrac{\theta}{T}\right)$与肌肉收缩之速度与力量有关系。若肌肉收缩之速度与力量为常数,则 v 之速度全以 b 之长短为转移,即身体向前移动之速度,依股骨之长短而定也。

【乙】摆动式

（一）跑之方法　身体前倾，体角成 70°左右，膝举相当之高度，脚踏地时，远伸前方，以平脚或脚跟先着地。两臂屈，小于直角，轻悬于肩上。上体放松，受盆骨转动时之反动力而转动。下肢之动作，非如踏步式之伸膝，乃系屈膝。伸股节之动作，非如蹈步式中之使上体向后仰，乃藉腿后振之动作之反动力，推身体前进。

（二）力之分析　设下肢只有股关节一节，而膝髁两关节完全僵直，无伸屈之可能，则身体向前进之速度，全赖伸股关节肌肉收缩之力量。依据圆运动公式，$v = \omega r$，v 为推体向前之速度，$r = a + b$，为全下肢之长。ω 为腿动 θ 角所费之时间，与踏步式比较，则 r 一因数加大，多一小腿之长。况臀肌（伸股关节）之力量，大于伸膝诸肌，依 r 之长度与力量而论，已较踏步式为多。角速度因 r 大之故，乃较小无疑。但肌肉之力量大，角速度不致太小。例如体格短小之人，推十六磅铅球，其速度十分缓慢。然推六磅或八磅之铅球，则甚快。臀力大于伸膝诸肌，大腿虽长，而臀肌肌肉之力量较大，故伸大腿之速度不比伸小腿为慢也。因之同是一步，摆动式推身体前进之速度已大多矣。虽然实际上，下肢有三关节，则更有供吾人以施用力量之余地。

设大小腿之总长为 $R = (a + b)$（如第一百零二图乙），大腿向后摆之角度为 α，小腿为 B，脚由屈而全伸直所经之角度为 γ，若脚着地之后用力后拉，施用伸股关节之肌，屈膝关节之肌，伸髁关节之肌，则推体向前进之速度为 V。而

$$V = \frac{\alpha}{T}R + \frac{B}{T}a + \frac{\gamma}{T}r = \frac{\alpha R + Ba + \gamma r}{T}$$

在踏步式中伸小腿之力量为 $v = \frac{\theta}{T}b$

设 $V\theta = \alpha$

则 $V - v = \frac{\alpha a + \alpha b + Ba + \gamma r}{T} - \frac{\alpha b}{T} = \frac{\alpha a + \alpha Ba + \gamma r}{T}$

故依圆运动之理，踏步比摆动式所小速度为$\frac{\alpha a + Ba + \gamma r}{T}$

又设下肢只有一关节，则推体向前之速度为 V'

则 $V'=\dfrac{\alpha R}{T}$，与三关节同时活动时比较，则所短之速度为 $V-V'=\dfrac{\alpha R+Ba+\gamma r}{T}-\dfrac{\alpha R}{T}=\dfrac{Ba+\gamma r}{T}$

由之可知若脚跟不着地跑，或腿振不高时，则短 $\dfrac{Ba+\gamma r}{T}$ 之速度。

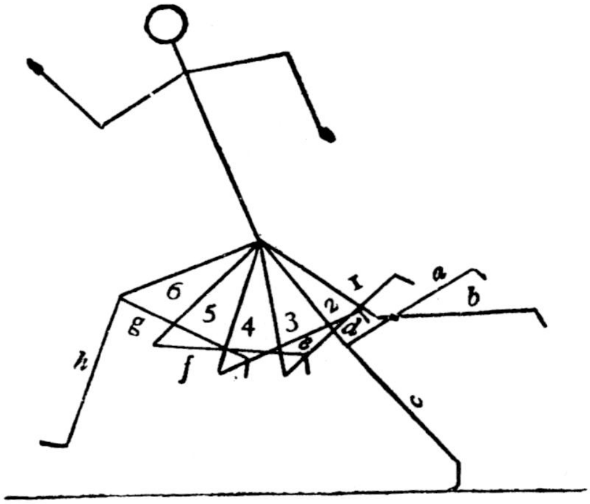

第一百零三图

[注]注以阿剌伯号码者为大腿，注以英文字母者为小腿。2c 为脚将离地前之部位。1b 为离地后后振之部位。大腿 2 尚能到 1 之部位。2a 为大腿前摆时大小腿之部位。6g 为大腿振至最前方大小腿之部位。6h 小腿向前振至最远方之部位。

(三) 摆动式后腿前跨时之方法与机能作用　前跨一动作，为跑中之副动作，不能助身体之前进，故愈快而愈省力愈好。当其后振终了之时，脚高与臀相等，此时欲向前跨，专将大腿前举。小腿前之肌肉，完全放松。于是膝关节由钝角而渐变为锐角，至大腿正过垂直之时，则踵几至触臀之部位。在此情形之下，有三优点：(一)省大腿前诸肌之力；(二)脚在位能极高之部位，藉地心吸力之作用，可振至身体之前方极远之地位；(三)大小腿二者之共长，缩成大腿之长，据圆运动之公式，$\omega=\dfrac{v}{r}$，即脚前进之直线速度 v 相等，腿向前回转之角速度，与腿

长 r 为反比例，即腿愈短，角度愈大。今小腿十分之屈，大小腿共之长缩成大腿之长，即大腿举至前方之速度，可以极大。至于小腿之回至前伸之部位，一恃地心吸力，一恃大腿回转之离心力。伸膝关节之肌，不必有意收缩。

（四）踏步式用在短跑开头之理由　据上两种跑式之分析，则踏式之不合理可知矣。然而短跑起跑之后，是否可舍踏步式而即用摆动式，则颇有研究之余地。据德国田径赛书籍中所称，及步起之口述，短跑时起跑三十米之内，宜用踏步式，并未说出何种理由。据作者之研究，则自起跑至三十米之间，系人体之速度由零度加至最大之时间。踏步式虽不长，而身体前倾之角度较大，其踏地之动作，足使重心以上之部份向前推进。若起跑之后即用摆动式，则上体尚在静止之中，上体在较直之部位，下肢之步伐加大，足使上体向后倾仰，盖惰性作用，无可免避也。况踏步式步虽短，而每步之时间较快，足使上体与下体加至同样之速度，达三十米时，则上体已有极大之速度，下肢步伐增长，上体可不受惰性作用而后仰。

（五）步子长大之方法　去年春江苏省江大运动会举行时，上海某报批评中央大学运动指导 Kleinhans 氏跑之最大优点，为步长大，不知步长固是优点，若以不正当之方法使步长，则此种长步，反为劣点，不是优点矣。尚有一点须注意者，即氏之步长，并非全赖步跨之大，乃赖身体前进之速度之大。即当其两脚同时离地之时，身体向前推进极快，所腾之路较长，故人觉其步长。读者须知步长之外，还有每步之速度，若因步长而速度减慢，则根本步长之目的难达。欲步之长大，万不可用跳之方法，因跳之速度，不若跑之快也。欲步之长大有三种合理之办法：(一)重心微向下降，下降则腿间之角度大，其对边自长。人直立之时，两腿并拢，重心在最高之部位，而两腿间角度等于零，故步之长度亦等于零。短距离与四百米跑欲步长大，大都用重心低降之方法；(二)用摆动式之跑法，因摆动式平脚落地，或以脚跟落地，步跨较长也。使步长大而快之方法，莫如将上体微向前倾，如第一百零四图，盖身体前倾，则重心向前，身体易前跌，须急以腿向前支持之，此为必然之势，故步子非快不可。惟前倾之弊易于步伐减小，故同时又须注意将膝高举，使步增长；(三)用大腿后振，股关节完全伸直之方法，如第一百零五图之后腿，可以表明此意。

第一百零四图

第一百零五图

第一百零六图

（六）身体转动之理由　两股关节之间宽有十吋左右，大腿前跨之时，盆骨随之转动，步愈大，则盆骨之转动角度愈多。盆骨转动，脊柱亦随之转动，同时两肩与臂受惰性与反动力之作用，向反对之方向转动，犹摇䥫鼓然，若向右转，则两耳以反对之方向击鼓面，长为一种力学上必然之趋势。若有意停止此种转动，则非另加一部份之力量不可。故跑时欲省力，身体宜随之转动，跑愈快，步愈大，则两臂摆动之势亦愈大，否则身体将向后仰矣。

四　短程赛跑

短程赛跑者，以全身之力量及速度，跑过短距离之项目也。在极短之时间内，每步效力之大小，与成绩大有关系，故跑之姿势，不可不研究。

【甲】体角(body angle)　身体挺直时与地面所成之角也。凡程之远近，以水平距离计算。而吾人下肢推身体之力，则与水平可成种种角度。用三角函数计算，则知下肢推进之力与水平线所成之角愈小，向水平方向推进之分力愈大。然实验之结果，身体向前倾斜，与地面所成之角，不可少于 45°，小则向前倾倒。故短程赛跑之体角在 45°至 65°度之间（如第一百图）。在起跑后三十米之内，体角小，以步长增加则体角大。

【乙】重心所走之路径 自后脚点至终点间，身体重心所走之路径，可画一波线。峰谷之高低，足以定其路径之长短。体角愈大，峰谷愈高，则波线愈长，而费力愈多，效力亦愈小。故短程赛跑，重心须在水平线上进行。其法有二：(1)脚落地之后，小腿用力后拉，不可有伸膝之动作。(2)腿前举之时，注意大腿高举之动作，小腿放松。二者能完全做到，则效力大而成绩亦优。以上所讨论者，为从侧看之路径。若从后方观察，则身体重心之移动，亦有出入。左右平均，如能合式，则重心在一直线上走。若重心左右移动，则重心走之字形之曲线。费时费力，影响成绩，实非浅鲜。

【丙】上肢之动作 两臂之动作，与身体之平均问题有关，亦即与重心所走之路径有关。设令一人，两手牢缚体旁而跑，必致摇摆不堪，前进非常困难。失其平均使然也。当右腿向前，右方之盆骨亦随之向左转。故此时须将右臂向后方摆动，牵动右肩，上体亦向右扭转，以反抗盆骨向左转之动作对于上体之影响，而使重心左右之位置不变。若当时无右臂后摆之动作，则重心必向左偏，而平均破。

短程跑中，大小臂之间，应成直角。臂向后振时，上臂须达近水平之部位。臂向前摆时，小臂微向胸前摆动，惟不可过多，多则臂横绕胸前而肘弯向外，妨碍向后摆之动作。

短程之起跑后，用踏步式，所以使步伐之节拍快速也。由踏步式变至摆动式，以渐不以骤，其法将小腿向前摆动是矣。步愈长，则前摆之度愈大。惟步伐增大，腿动之速度不可减慢，否则徒然。两式变转之时，须在速度已达最高之时，大约在三十米之后。变转太早，步伐缓慢。

【丁】下肢之动作 下肢之动作，与平均及速度两问题，有密切关系。从跑者之后面看，足迹应切一直线之两边，是尖踵髋膝髁三关节，均宜在一前后平面上。太分开（如一百零七图 1）则重心左右摇动。膝太分开（如一百零七图 4）或太靠紧(如一百零七图3)下肢推进之方向,不能一直向前,重心亦必向左右摇动,两脚的脚迹如在一直线上(如一百零七图2)。则脚有前绕之动作。凡此种种,皆是使速度减慢。

第一百零七图

【戊】上体之姿势 头颈宜与脊柱在一直线上,头不可向上仰起,而使重心向后。肩胸腰放松,使动作自然。

五 中程赛跑

中程赛跑须富有长力,与短程不同。但长力之外,速度亦极重要。若缺少速度与迅速之对手,则无以取胜。世界800米成绩。最好者为每100米13.9秒。可见力量之外,尚有速度一要素存乎其间。单独100米跑至慢为12秒。而800米之每100米之平均速度为13.9秒,可见欲成绩之进步,宜从速度着手也。

中程赛跑之起跑,虽不若短程赛跑之绝对重要。但究比立定起跑为快,故亦宜采用蹲伏式。体角较短程为大,上下肢之摆动,亦不如短程之用力,大腿上提不甚高。当小腿前举之时,大腿与身体成钝角。落地时以踵着地,继以起踵及伸髁关节之动作而推地。与短程迥乎不同。大小臂成70°—120°角。摆动愈大,步伐愈长。臂摆动时,肘不紧靠体旁,所以便于呼吸也。

第一百零八图

第一百零九图

中程赛跑之全程中，所用跑式，并非一种。大概起跑之后，仍用踏步式，以使速度加大，以后则转变为摆动式。有时将达终点之前，更转变为踏步式者，但并非每运动员如是。

中程赛跑之步须长大，用摆动式，但摆动之腿，为省力起见，勿如短程中之膝举甚高。

大小臂间之角度，有大于 90°者，有小于 90°者，全视身体转动之多少而定。转动若多，则臂角可小于 90°。

六 长程赛跑

长程赛跑，为一疾徐相间之赛跑，全程间之速度，可以上下。其慢跑之时间，所以恢复疲劳。步伐之长短，视身体之高矮而定。平日练习时，宜求得最合式之长度。步伐愈长而自然愈好。体角较中程赛跑为大。

【甲】长程之跑式 步伐之长短，视跑者之力量而定。腿不甚高举，脚由地面之上向前平平掠过。小腿宜放松，向前振，使步伐增长。用脚跟或全跖跑最为合式。脚之外边先着地，行向前滚之动作。以脚尖向后推地。膝宜伸直。盖此等动作，皆所以使步伐长大也。

第一百十图

【乙】臂之动作 臂之摆动方法，有以下两种：

（一）大小臂间成直角，上臂前跑之方向摆动，小臂达胸前。

（二）大小臂间成锐角，肩放松，小臂向胸横过，成水平之姿势。向后摆时，姿势同。肘弯向外指，故微向体离开。

【丙】身体之姿势 臂之动作取(一)之方法，则身体微向前倾，用(二)之方法，则上体较直。

七 到终点之姿势

运动成绩愈进步，成绩之相差愈少。跑程愈短，达终点时，各人距决胜线之相差亦愈少。达终点之姿势，与短程赛跑之成绩大有关系。研究所得，达终点之姿势约有三种，分析于下：

第一百十一图

甲图中自左边数起第二人身体正向右转，未改跑之方式，合法，第三人同，亦合法。第四人为举臂直冲法，若臂举太早，有妨速度，第五人身体向右转向前挺最合法。
乙图中自左至右数第一人两脚跳起，不合法。第三人尚可。第六人未行转动吃亏。

第一百十二图

【甲】跳跃法 到终点时，用最后一跃，以触终点，是有二弊：(1)准备跳时，全体下蹬，向前之速度减低。(2)跳起后之速度，向前上斜方，向前之速度减慢。若描写身体重心所经之路，必为一弯屈极大之曲线，时间极不经济。

【乙】挺胸直冲法 离终点最后一两步时，保持向前冲之速度。更加以挺胸之速度，则身体触线，当然更快。然此动作，不可太早，盖挺胸之时，两臂后张，头微仰后，不免板滞。若在离终点两步以上之前行之，亦是使速度减慢。故挺胸动作，宜在末一两步行之。

【丙】举臂直冲法 在最后一二步，两臂上举。身体放松，头不后仰，胸不挺出，体角改变不多，故前进之速度并不减少。然两臂上举之时，不能助身体之前进，且平均之姿势易失。若手举太早，有碍最后数步之速度。

八 替换赛跑

短程替换赛跑，不论 4×200 米或 4×100 米，接棍之区域，均为二十米。常人以为定此规则之时，恐接棍之动作太难，与以二十米以内接棍之机会，含有保险之意。经作者研究推考，其用意在于接棍之人，有加速度之机会，毫无保险接棍之意味。按今春在中央大学人体机动学班上实验的结果。短跑在起跑之后，至16—18米之间，跑之速度，始加至极点。则此二十米之区域，确是与接棍者，以增加速度之机会无疑。由此推知，接棍得法，800米或400米之成绩，可比800米或400米之个人成绩为优，反之则可较为劣。欲阅者易于明了，故以图表明于下。

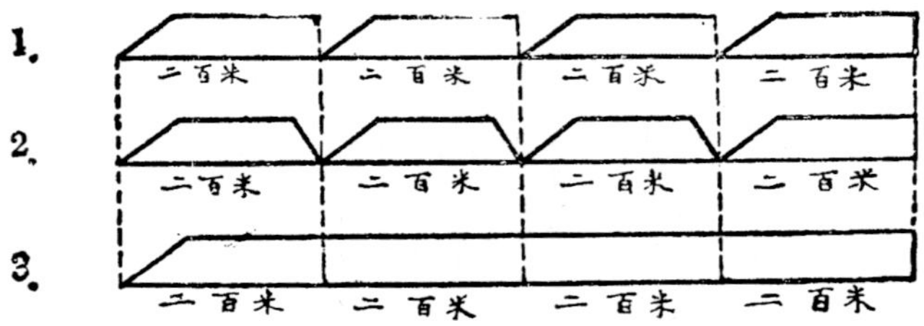

第一百十三图

（一）四个二百米之速度。（假定四人之速度相等）
（二）四个替换赛跑，接棍不合法之速度。
（三）四个替换赛跑，接棍得法之速度。

以上各梯形，高度表速度之升降，各梯形面积和之比，即三种替换法速度之比例。在图（一）假定起跑之后，速度由零渐渐加高，至接棍区域之近线，而第二人即起跑（并不接棍）。如第三第四人均以此法替换，则每人所跑之速度，必如第一图之各梯形。在图（二）第一人起跑之后，先由速度零增至最大之速度，在接棍之时，速度减低，在速度等于零时接棍，故梯形之面积较小。又如图（三）只有第一人起跑时之速度由零加高，其速度亦表以梯形。至于第二、三、四人，均

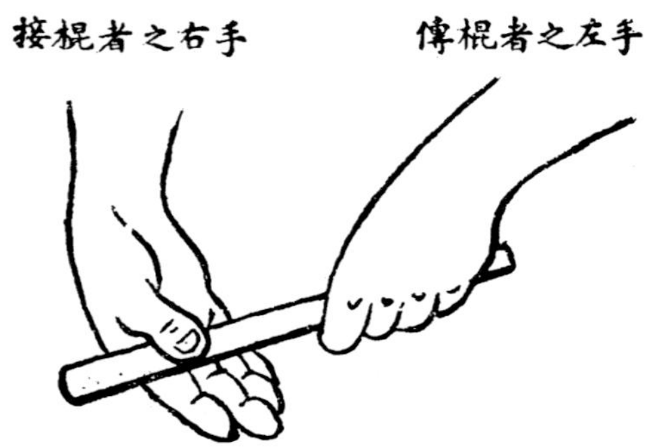

第一百十四图

在速度最大之时，接棍授棍。其速度不成梯形，乃成矩形。故其速度较大。以上三种图解，第二种速度最低，第一种次之，第三种最高。今欲其达最大之速度，以下诸点须分别注意。

【甲】接棍之地位 接棍之区域，有二十米之长，究在何处接棍，不可不加研究。据测验之结果，人由静止而至速度最大之时，在十七八米之间。此处接棍，最为合宜。

第一百十五图

【乙】接棍之方法 接棍者立于接棍线之前，在该线之后五六米之处，划一记号，传棍者达到此点时，接棍者即行起跑。此五六米距离之大小，与传棍者所跑之速度为正比例，与接棍者之起跑后之加速度为反比例。此记号究为若干米，不得不刻定，可由两人实地练习而得之。此所以须超前跑之理，在递棍者有极大之速度，而接棍者在静止之状态中，欲其速度加至快速之程度，须在相当距离之内，否则两人相遇而接棍之时，两人之速度皆在缓慢之中。全程之速度为之延误。

第一人之起跑，与寻常之起跑同。第二人则以短步出立之姿势，立于接棍线前，两脚正指前方，上体向前微倾，两臂轻悬肩上，或撑大腿之上，目注视所定之记号上。若以右手接棍，则以左脚立前方，向右注视记号。此记号宜设道之外边上，传棍者须将左手执棍从右方传棍。传棍者一达记号之处，接棍者即行起跑，将右臂后伸，拇指向下。传棍者以左臂尽力向前远伸。接棍之时，宜在十七八米之处，已如上述。若接到太早(十一二米之处)，则时间延误，接棍者缺乏速度。棍接得之后，速将手向前摆，将棍移执左手中。此时宜注意者，左手宜执棍之后端，若执前端，则无法传与下一人矣。

对于移棍于左手一端，足以使身体刹时间之平均失去，使跑者之速度有减慢之可能，故有主张不换手者，惟第三人须以左手接棍，此人须平日练好。此外尚有一点，即第二人接棍之后，执棍之中央，第三人接棍后必执棍之前端，至遇第四人，前端已无余地可接，后端则递传不便，成大问题，故不换手之方法，实际上非常困难。

【丙】接棍时手之更替　第一人以左手执棍之前半段而出发，第二人以右手接棍，握棍之前半段(如第一百十四图)。第三人以下以此类推。

第一百十六图

九 高 栏

高栏运动德文为 hurdenlanf,其意为跑栏。吾国译为跳栏,实足引起误会。盖跳栏之决胜负,以向前之速度为标准。跳栏所用方法,皆所以使向前之速度与空跑相近。学者宜澈底了解。

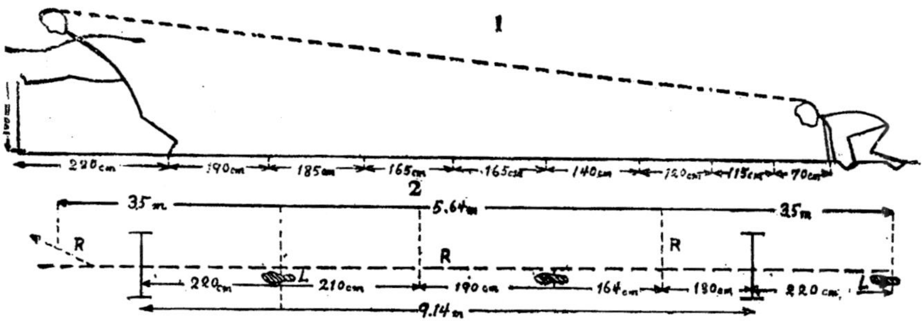

第一百十七图

1. 表明由起跑至跳第一栏间,身体挺起之情形,及其步数长短之支配。
2. 栏间步伐之分配及其长短。

【甲】跑之姿势 高栏之起跑方法,与短程赛跑同。起跑之后,步伐先短后长,如一百十七国之支配方法,最为合式。身体先低后高,体角最大不得过 65°。过大,则跳之方向,易于向上,同时跑之速度减慢。不论跑跳之时,均以脚尖及跖部着地。若用脚跟,则易向上跳,重心不向前而向上,向前之速度减慢。

跑之速度愈快,过栏时愈易保持平均。摆臂之动作,愈能令重心向前。

【乙】跳时重心之升降 寻常人体,重心之高为 1.10—1.15 米。因体角为 65°,故跑时重心之高为 0.95—1.05 米。在栏顶时,重心之高,至多不可过 1.20—1.30 米。各则重心所走之波线,起伏太大,向前之速度减低。

【丙】起跳之姿势 起跳之姿势与重心之高度有关。欲重心上升不太高,须注意以下各点:

(一) 起跳点之远近 起跳之点,宜离栏 2.10—2.40 米。若再缩短,则重心不得不升。否则触栏。比较第一百十八图 1，2 二图可以明了。

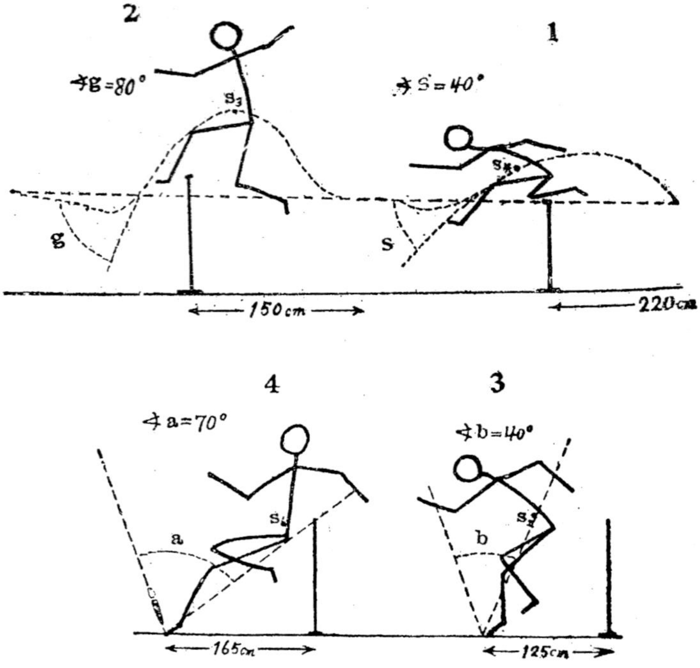

第一百十八图

1. 表明跳起后重心所走之路，与在栏上身体倾斜之情形。∢表重心在跑时之路径与跳时路径间之角。2. 表向上跳之姿势，∢γ 太大。3. 承 1 之后，表正当落地之姿势及远度。∢β 为落地时之体角与跳时体角间相差之角。4.其初高跳如 2，落地之点，离重心极远，∢α 太大，后全恃原有之向前速度，回复原来之体角。

（二）跳时之体角　跑时之体角为 65°，跳时宜缩为 55°。否则上跳太高。

（三）跳时后腿推地之动作　后腿推地之结果，向前之速度宜大，向上之速度宜小。其用力之处，在趾跖两部。万不可如跳高跳远之先以踵着地，然须经跖部而跳起。

（四）前腿举起之姿势　设以左足起跳，则右腿前举之时，膝关节起初并不完全伸直。盖先以大腿前举，然后继以伸膝动作，至腿直而止。髁关节全屈，此时股二头肌半腱肌半膜肌，有牵盆骨向后回转之倾向。同时左腿受阖肌之牵制。蹬足之方向，与地面所成之角，大于 55°，致跳太高，而向前之速度减小。欲免是弊，宜训练右边之半腱肌半膜肌及股二头肌之伸长。有时伸长不足，右膝关节可微屈以凑之，以免向上跳之弊。虽然，膝屈太多，易于触栏，反酿高跳之弊。故最好之方法，宜尽力伸长上述诸肌肉。

（五）臂之动作　左足起跳，右腿前举，盆骨向左转，身体不免向左扭转。故左臂向前外上斜举，右臂同时向后外斜举，以平均之。虽然亦有用两臂同时向前举者，此种方法虽非发源于跑之姿势，然能使向前上之速度极大，以助身体向栏上进。

（六）身体之姿势　上述体角宜由 65°缩至 55°。故身体竭力向前倾，与举起之膝相接近。同时头向前注，增加向前之速度。

【丁】身体在栏顶之姿势　身体腾起之后，依然向前，至落地之前，此时后臂向前摆动，前臂向后摆动。身体在栏顶之时，两臂即在左右平举之地位。前腿过栏之后，膝速屈，腿切栏而速下伸，后大腿侧平举，膝盖向外，小腿与大腿成直角，其提过之动作宜速。初学者往往因阖肌太短，不能尽量向外展。致后腿非高跳不能过栏，故阖肌之伸长，为练跳栏之要件。

【戊】前腿落地之姿势　脚落地之点，须离栏 1.20—1.40 米。太远则脚着地时之体角与原来体角之差为 70°。欲回至原来之体角极难。故失向前之速度（如一百十八图 4）。太短则重心在脚着地之前，身体易前倾倒。故脚落地点与栏之距离平均以 1.25 米为最合式。

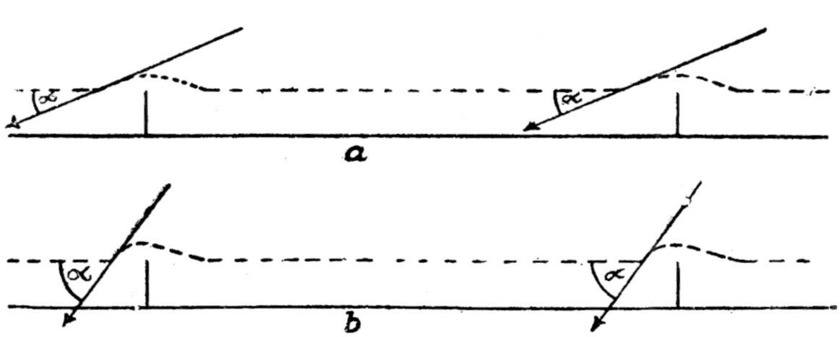

第一百十九图

虚线为重心所走之路，箭头表动作后重心受惰性之作用所必至之方向，又为箭与水平线所成之角，此角宜用肋骨之力量减小之，使易回至水平之程度。甲为正确方法，乙则错误。

【己】栏间步伐之长短　两栏之距离为9.14米,减去下落与栏间距离1.25米,及起跳点与栏之距离2.20米,尚余5.69米,须分三步跑尽。第一步稍短,第二步稍长,第三步最长。盖含加速度之意也(参观第一百十七图)。

【庚】结论

(一)身体愈矮小,则起脚宜愈远,腿愈能直向前上举,上体愈向前倾倒。

(二)身体愈高大,速度愈大,则过栏愈难,因身体近栏而过栏时,四肢之动作须极快也。

(三)起脚愈远,向前之速度愈大,向上之速度愈小,而重心所走之波线,起伏愈小,时间愈经济。

(四)两臂愈伸直,而肩带愈放松,则平均愈易维持。

(五)前大腿后面之肌肉,及后腿之阖肌愈长,则跳可低,重心升高亦愈少。

【辛】跳栏之普通误点

(一)跳太高　其病在重心升高。若全体以重心为标准,则重心所走之路必为极大之波线。依几何定理屈线大于直线,波线之起伏愈甚,则所费之时间愈多。跳栏虽不能使重心在一水平线上进行,确能使其波浪极小。

(二)落地停顿　此弊因前腿下地时向前斜,而上体后倾所致。故过栏时身体仍保向前倾之姿势。

第一百二十图

（三）腰太直　弊同（一）而流弊为（二）。

（四）落地后第一步太长，使身体挺直。

（五）前腿太屈。

（六）起脚太近，落地太远。

（七）过栏时后腿伸直。

第一百二十一图

第一百二十二图

第一百二十三图

（八）躯体扭转。

（九）落地时重心在后足上，致身体伸直。

（十）臂不摔动。

（十一）跳之角度太大。

十　跑跳高

跳高之姿势可分三种，剪绞式（scissors style）美国东方式（eastern style）及滚式（horine style）。三式各有利弊，兹分析于下：

【甲】剪绞式　是法旧而简单，跑取斜之方向，外足跳起，内腿高踢。内腿下落，外腿过竿。过竿之时，以臀向竿，身体毫不转动。以高踢之一腿落地，在空中停留之时间短促。物理上之利益，丝毫不能利用。世界上之用是法者，至多不过六呎四吋，故今后有废除之倾向。

【乙】美国东方式（左足跳）

（一）跑法　依方向论，有斜跑直跑之分。斜跑时与竿所成之角愈小，则跳过时触竿之机会愈少。比较第一百二十四图 a，b 可以明了。故直跑式，当末两步时，面须转向，而踢起之腿不宜与横竿成直角也。

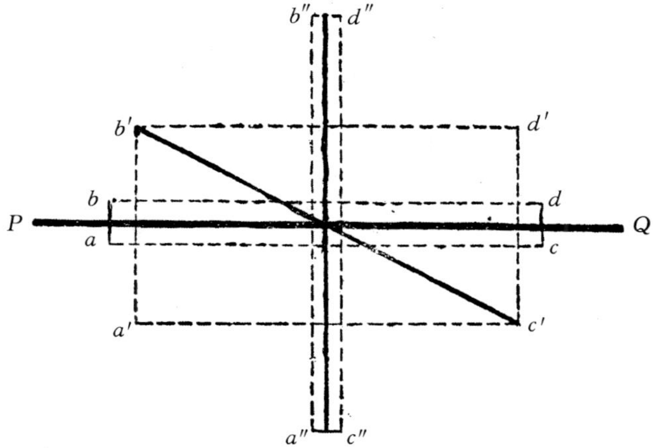

第一百二十四图

ab，$a'b'$，$a''b''$之长短，表触竿机会之多少，ab 最少，$a''b''$最多。

跳高之速度，利用向前者少，向上者多，故跑之速度，不可甚大。如第一百二十五图，v_h 为向上之速度，v_1 与 v_2 为向前之速度，而 v_2 大于 v_1。然 v_4 一合速度，不因 v_2 之大于 v_1 而增加其高度。可见向前之速度无补于向上之速度，则又何取乎快跑。且向前之速度太大，足使蹬足之动作无充分之时间举行，（盖跳高之蹬足，先以踵着地，然后以跖部落地，终则足尖着地。动作之迁移，需一定之时间）效果不大。故跳高起跑之处，距竿不过十步。且跑之速度，无庸甚大。

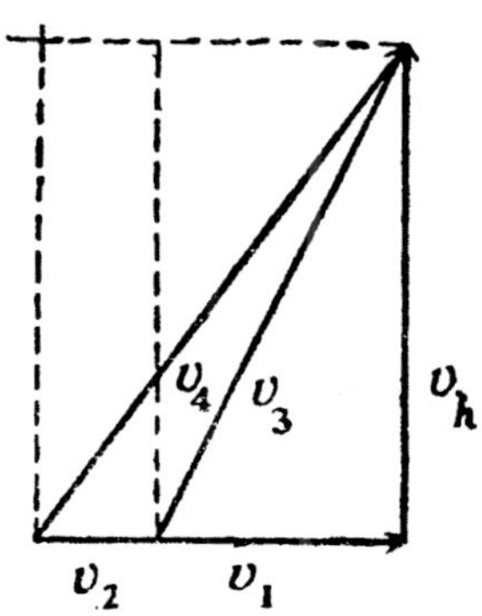

第一百二十五图

当跑近竿三四步之时，身体须下蹲，所以使工作距增长也。盖跳高时，用三部肌肉。(1) 伸足之肌（腓肠深肌，腓肠浅肌。屈趾长肌，屈踇长肌，胫骨后肌）。(2) 伸小腿诸肌（股四头肌）。(3) 伸臀诸肌（臀大肌，臀中肌，梨状肌，半腱肌，半膜肌）。若跳高时髁膝髋三关节伸直，则诸肌已无收缩之余地，有何工作之可做。

（二）跳法

1. 蹬足　蹬足之方向，纯依据力学之理，须正对重心，直接将身体重心上抬，效果始大。末二三步方向微改，体之重心须载在跳足上，利用伸髁膝髋三关节之肌肉上跳。初学者往往不知伸髁关节之动作，宜特别注意。此蹬地一脚之尖所指之方向，须与跑之方向相同。脚尖外指，或内指者，使脚之杠杆缩短，在力学上失其根据。若一人直跑，因转体不便之故，以脚尖外指而凑之，则宁改变跑之方向，不可用蹬地之脚以浅就之。参观第一百二十六图可以明了。

最后一步宜大，大则踢起一腿之运动量大，易达极高之地步，第一百二十七图表示步伐之长大之情形。

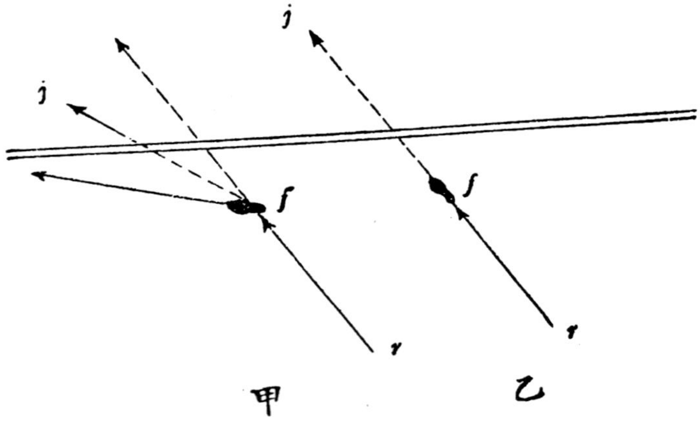

第一百二十六图

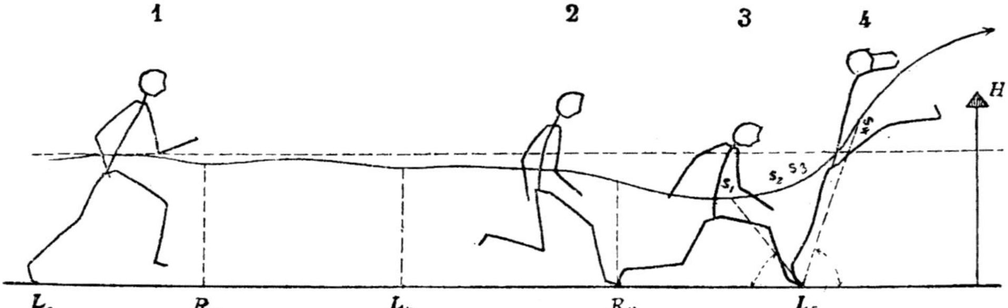

第一百二十七图

2. 高踢 后腿高踢之动作(如第一百二十八图),可以带动臀部高举,其重要甚于蹬足。但上踢之时,膝不可太直,直则股二头肌半腱肌半膜肌,牵引盆骨向后回转。髂股韧带阻碍蹬足之动作。故内腿上举时,宜有相当之屈度。及达最高之点,立刻停止向上之动量,其惰性作用,足使臀部高抬。

第一百二十八图

3. 两臂之动作 设左脚蹬足,则左臂向前上重振,右臂向后上重振,而停止其运动量,其惰性作用,可以增加向上举体之力。

(三) 体在空中之动作

1. 上体卧倒 在内腿高踢未完全时,是动作不能开始。至两腿上飞达最高点,则立刻实行。其反动力,足使臀部抬起,避开横竿。

2. 踢起之腿在空中之动作 踢达最高点时,踢起之腿(内腿)宜伸直,以水平之方向后振,所以使臀部抬起,并可保持身体在空中腾留片刻,俾跳腿(外腿)有充分之过竿时间。剪绞式之弱点,即在缺此利益。

3. 跳腿在空中之动作　在踢腿水平后振之际，跳腿（外腿）亦以水平之方向，作向右绕之动作，而过横竿。此时足尖伸直，则膝亦易直。往往因其一边（外腿）之半腱肌，半膜肌，股二头肌太短，不能伸直，致踵触竿。故习跳者，平日宜练一字步。

4. 转体之动作　跳腿（外腿）绕过横竿时，上体向内转，（向竿）使臀部向上而以腹面向横竿。如是则成绩可高一呎左右。剪绞式之弱点在此，此式之优点亦在此。

5. 跳过竿时两臂之动作　设以左足跳，则在过竿之时，右臂向后上振，左臂向后外振（如第一百二十八图）。盖转体之反动力使然也。亦有用两肩关节向后做过伸之姿势者，所以避免臂之触竿也〔如第一百二十九图（乙）10 及 11〕。

第一百二十九图（甲）

第一百二十九图(乙)

1. 重心向左脚移载,以右腿开始高踢。2.左脚跟依然着地,至左膝伸直终了之时,始行伸髁关节之动作,右腿向上高踢。3. 左跖已滚过,脚尖点地,左臂举至最高之点。3.—6.身体腾起之时,左腿下垂,行渐渐举起之动作,而以左臂下降之动作平均之(4—6),使重心不致移动太多。4.—6.右腿向内扭转,使小腿得以水平之部位过横竿。同时带动盆骨,使向内扭转。7.—13.两臂后斜举之动作,所以使上体前倾,助盆骨向左扭转,及左脚之过横竿。腕不可卒然振动,左肘后屈,右臂前上振。10.—12.左腿用力上提,左踵行上内转动,使绕过横竿之动作完全。13.为下地前之姿势。14.—15.为落地之姿势。

【丙】滚式(左足跳) 此式以内足跳起，外足高踢，与上二式相反。跑之方向，与横竿成 45°或 40°之角。

(一) 跑 寻常以八步为度，速度亦不甚大。跑以踵着地，与跳同。起跳之点，在离竿三呎之处。

(二) 跳之姿势 起跳时之重心，移载左足上。身体微向后倾。盖跑之速度向前，身体微后倾，所以使蹬力正对重心也。右腿高踢，与竿所成之角，小于跑角，使身体与竿渐趋并行，而触竿之机会减少。两臂向竿前上举，与上式一臂后上振，一臂前上振之姿势不同。

(三) 跳起后之动作 右腿高踢之时，髋膝髁三关节屈，以免髂股韧带牵制盆骨。一方使腿之角速度大，腿易上举，以带起臀部。右腿达最高之点，上体向后倾倒，腿停止向上之运动。赖惰性作用，使臀伸而举起。臀部受其反动，可以高举。同时左臂向竿前下伸，右臂向后下振，助身体之转动。

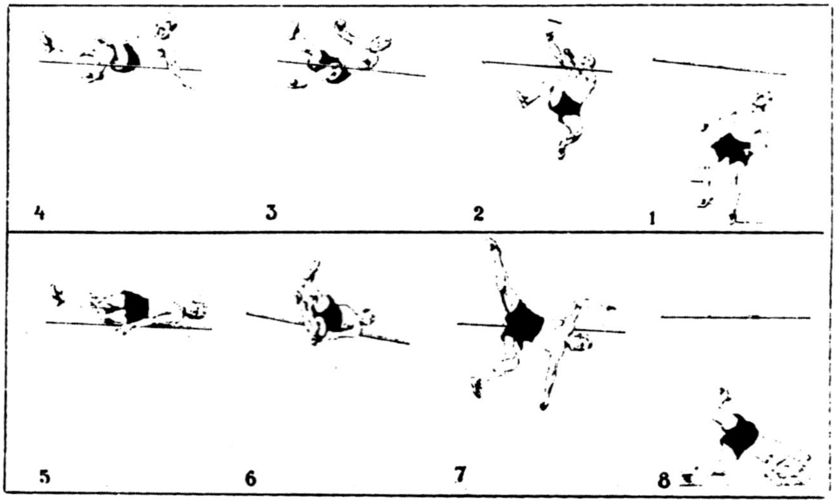

第一百三十图(甲)

1. 起跳之姿势，身体毫不向竿倾斜，惟两臂则向竿摆动。2.右膝向前上提，小腿上举，跳腿仍下垂。3.臀向前上举，高与竿等，上体向后仰，左臂向竿前下伸，右腿继续向上伸，所以留升臀时右脚微下落之余地(在 4 图右脚下降臀伸直而抬起)。4.右脚上踢之运动停止，因惰性作用，臀举起并伸直，左臂继续向竿前下伸，左膝高举，右臂与腿一致，微向下振。5.伸臂完毕，横卧竿上，左膝为向右转体之先导而向下落。右腿更做分举伸臀之动作，令左腿有过竿之余地，右臂因反动力之作用，以体轴为中心而向下振。7.8.为下落之姿势，以跳腿及两手落地。

第一百三十图(乙)

(四) 身体在横竿上之动作　身体横卧竿上之时,自顶至右足,成一直线。其时上体继续向左转,右腿向后外振,留左腿过竿之余地。左髋膝髁三关节屈,自竿上流过。此时上体毫无触竿下落之动作。虽有时着竿,不过将竿下压,而竿并不落地。

(五) 下落之动作　下落时,右腿保持上举,左腿下垂,因身体在平之部位,重心在足之前方,故助以两手,方得稳落地上。

(六) 此式之优点有二:(1)效力大　前二式跳之力量不能正推重心,一部份之力量,易费诸无用。此式则绝无此弊。(2)触竿之机会少　上二方之过竿也,先两腿,然后躯体,然后两臂,此则因身体横卧之关系。四肢与身躯成一直线,且与竿并行。一滚之间,即能过竿,触竿之机会极少。

十一　立定跳高

立定跳高与跑跳高同,有两种姿势,剪绞式及横卧式是也。

【甲】剪绞式

(一) 起跳之预备　足离竿 30—50 糎,以身体之右(左)方对横竿,足尖微向内指,两膝屈,大约达一百度。上体屈,所以使伸足伸膝伸臀诸肌之工作距离大也。两臂后斜伸,所以使臂上振之速度大,而向上之惰性之作用亦大也。

(二) 跳起之动作　两臂前上重振,髁膝髋三关节伸直。臂上振至上举之部位,作煞时之停止,使起惰性作用,将重心上提。

(三) 过横竿之动作　身体腾起之后,内腿上振,内臂下落,同时上体微后仰。继以分腿上腾过竿,同时外臂上振,至水平部位。

第一百三十一图　剪绞式立定跳高

(四) 落地姿势　内足先落地,外足后落地。

【乙】横卧式(以左面对竿)

(一) 起跳预备姿势　同上式

(二) 跳之动作　同上式

(三) 过横竿之动作　身体腾空之后,双腿上举,两臂下降。同时上体向左侧横卧,左臂从体下过竿。继以右腿后上振,左腿带过横竿,同时右臂后外振,身体滚过竿。

(四) 落地之姿势　身体从竿滚过之后,左臂速前举。以免身体下落,着地受伤。近地之时,左膝前屈,使左足先着地。

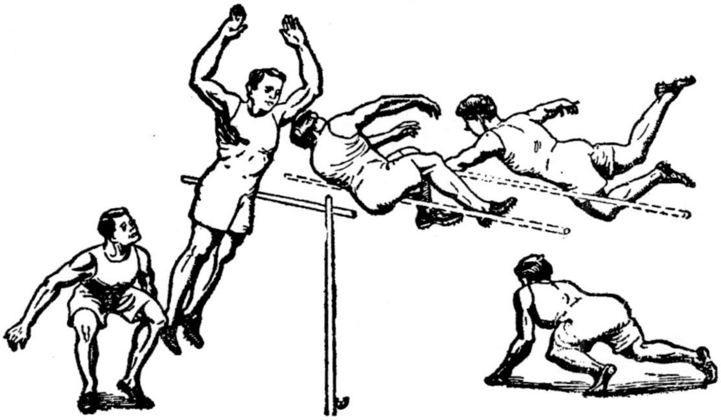

第一百三十二图　滚式立定跳高

十二　跑跳远

跳远应用牛顿第二定律(law of independence),成绩之高下,视向前之速度,及跳之高度而定。前者愈大,则距离愈远。后者愈大,则身体腾在空中之时间愈长,而在空中向前移动之机会愈多,因之距离亦愈远。虽然,二者有互相牵制之作用,不能任意增大。故运动员宜根据其反应之速度及运动之能力,以求其适当之支配。

【甲】跑之速度　上述向前之速度,与跳之距离有密切关系。学习跳远者须善长短跑。按实验之结果,起跑之后,尽力向前快跑,至十八米左右,速度加至极点。似跑之距离十七八米左右已足。然跳远有步点之关系,不能如百米之一意直跑。有作跳之准备,终了数步,不能同时再加向前速度。且在短距离间,加至最大速度难,在长距离间则易。故跑之距离须四十米有零。其间得分三段:第一段速度由零渐加,跑 12 步共长 18 米左右,平均每步长为 1.50 米;第二段速度,增至极点,跑 8 步,共长 15.20 米左右,平均每步长为 1.90 米;第三段,保持前段之速度,跑四步,共长 7.20 米左右,平均每步长 1.80 米。普通有两步点:第一步点宜在第八步;第二步点宜在十六步。练习时宜刻定。盖非知是,则注意力不能专在快跑,而起跑之脚,不得正在跳板上也。速度以板前二十米测定者为准。大约每秒八米左右为最合式。惟运动员之反应迟钝者,往往因跑之速度太大,受惰性之影响,无充足之时间高跳,致减低向上之速度,此时宜酌减向前之速度。在最后二三步,身体重心下降,作跳之准备,起跳时,重心宜载在跳脚上。

末一步之长短,视跳者腿之长短与向前跑之速度而定。腿愈长则愈大,速度愈大则步亦愈长。若步太长,则重心过分向后下落,则向上腿速伸之动作受阻,若太短则受冲势之逼迫,重心速从蹬脚上流过,无充足之时间,使有良好之蹬足跳远者若不将步伐配好,以脚凑板,则非大即小,至不合宜(参观第一百三十三图)。

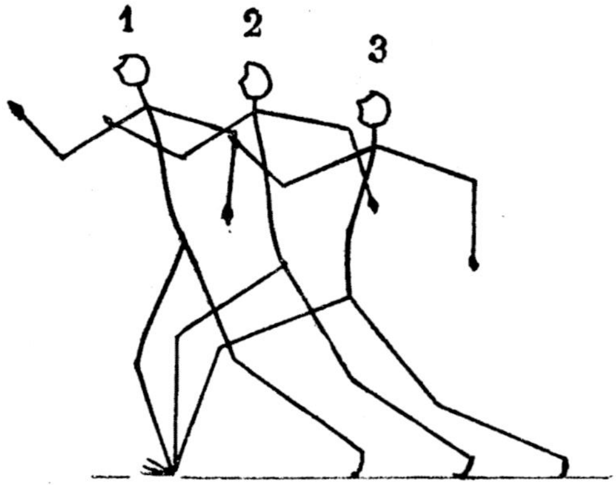

第一百三十三图

蹬地之一脚,准踏板上,至为重要,因近代运动之成绩进步,决赛时地位之高下,有以糎分定者,踏板不准,往往有数糎之出入。

【乙】跳之姿势 跳之动作,除利用伸膝关节及髋关节诸肌之外,更宜利用伸髁关节之力量。起跳之足,先以踵落地,次经伸髁关节之动作,终以足尖离地(如第一百三十四图),学者往往不注意此点,成绩大受影响。大抵向前之速度,可以随意增加,而向上之速度,易达极点。苟有方法增加,宜十分注意练习。

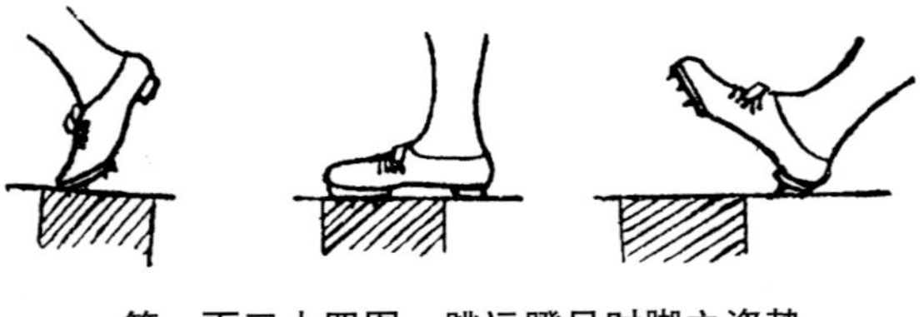

第一百三十四图　跳远蹬足时脚之姿势

(一) 身体腾起之角度　按抛物线公式,水平距离以四十五度为最远。跳远之时,将身体腾起之速度,乃向上与向前二速度合成。据实验之结果,向上之速度,常小于向前之速度,跳之力量各部用到,其合速度,尚难达四十五度。若上跳之力量不足,则腾起之角度,比四十五度益小。

(二) 蹬足之方向与重心之关系　重心代表身体,蹬足力量穿过重心,则十分经济。否则起分力作用,蹬足之力,一部份力费诸无用。宜十分注意。

【丙】身体在空中之格势　身体在空中之格势如何,与第十六图之 S_1 无关系,与 S_2S_3 则大有出入。欲 S_2 与 S_3 增长,身体在空中前进之时,宜从早准备。蹲踞跳法之屈体,挺身跳法,由挺身而至弓身,皆为此也。

第一百三十五图　跳远(蹲踞跳法)

a.表明极好之起跑姿势。起跳之足尽力蹬地。摆动之一腿及两臂向前举。*b*.起跳之足向上提起,同时摆腿之膝,向胸接近。*c*.为将达抛物线顶点之姿势。两膝皆向胸接近,两臂前下放,上体向前倾。*d*.表明小腿正开始向前伸时之姿势,而两臂亦正在向下重振。*e*.表明小腿向前远举,同时两臂向后下重振之姿势,而上体依然向前倾。*f*.两足落地,重心下沉。两臂向前摆,以免上体向后倒。按以上各部之姿势,可以归纳于身体各部互相调节之理。即腿向下之动作与臂向上之动作同时。臂向下之动作与腿向上之动作同时。两腿向前之动作与两臂向后之动作同时。所以然者,欲保持前后之平均耳。非然者则落地之时非失之于距离,即身体不能保前后平均而上体后倾。

(一) 蹲踞式(hock sprung)　跳起之后,跳腿(左)伸直,同方向之臂(左)上振,臂腿与躯体三者在一直线上。同时他方(右)之膝用力上举,大小腿成直角。其同方向之臂(右)微向外上举(如第一百三十五图之 *a*)。两脚离地之后,前大腿竭力前平举,后大腿竭力后举,后小腿上屈,脚底向上(如一百三十六图)。后腿之屈膝节,伸髋节及伸髁节等动作,等于掷铁饼时之屈腕屈肘屈肩关节诸动

第一百三十六图

第一百三十七图

作。所以增加向前向上之速度,在跳远之动作中,占极重要之部份。此后上体微前倾,起跳之膝(左)渐渐前举,他方之臂(右)亦竭力上举(如一百三十七图)。盖两臂愈高举,则下振时之反动愈大,而两腿愈易向前伸。同时两膝上举,愈高愈妙。身体过抛物线之顶,两臂向下重振,同时两腿前伸(如一百三十八图),与水平线成极小之角度,使 S_3(参观上编第十六图)之值加大。

第一百三十八图

(二) 挺身式(schneppe sprung) 是为一新式之跳法,中美田径运动书籍所不载。吾国运动界上尚不知也。因其方法奇异而合学理,故亦列入。起跳之方法,与蹲踞式同。惟跳起之后,身体不向前拳屈而向前挺腹,两臂不前上举而向后张,两腿不向前举而向后伸。其用意在增加重心向前之速度。因反动力之作用,四肢不得不向后也。若常保挺身之姿势,则非特 S_2 及 S_3 无从得到(参观上编第十六图),S_1 或且减短。故挺身之后,上体随即前屈,两臂上举(如第一百三十九图 7, 8)。同时两腿前举。上体及两腿之姿势,与蹲踞跳法相似。惟后者在落地之前(如一百三十五图 *e*),两臂后侧斜举,而此则上举也。

第一百三十九图　跳远（挺身跳法）

1. 脚着地点正由跖而移至足尖，臂作适当之摆动，不如蹲踞式之甚。振起之膝高举，小腿屈。2—3.开始挺身。4.臂向后下方摆动，髋关节伸直，上体微后仰。振起之膝向下伸，跳起之大腿下垂，小腿后举。动作达最高之点，两腿开始换前后之位置（剪绞）。5.两臂以画圆圈之方法左右上举。振起之腿摆近最后方。6.身体达抛物线最高之点，振起之腿摆至最后之部位。7—8.两臂前下振，两膝向前举。使 S_2S_3 增大。9.上体及两臂向腿后下落，两腿摆动。10.为落地时之姿势，臀部宜抬起，身体向前倾，以免向后倾倒。

【丁】落地之姿势　不论何法，两腿须向前伸，使 S_3 增大。上体宜向前屈，使 S_2 增大。以保持身体之平均也。盖身体伸直，则腿与地面所成之角，须大于 $45°$，否则落地之后，易于倾倒，破坏成绩。若身体前屈，重心向前，腿与地面所成之角，虽小于 $45°$，亦得平均。此于成绩有数尺之出入，学者宜注意。兹将腿之各种姿势，与成绩之关系，用图说明之（一百四十二图）。

第一百四十图

第一百四十一图

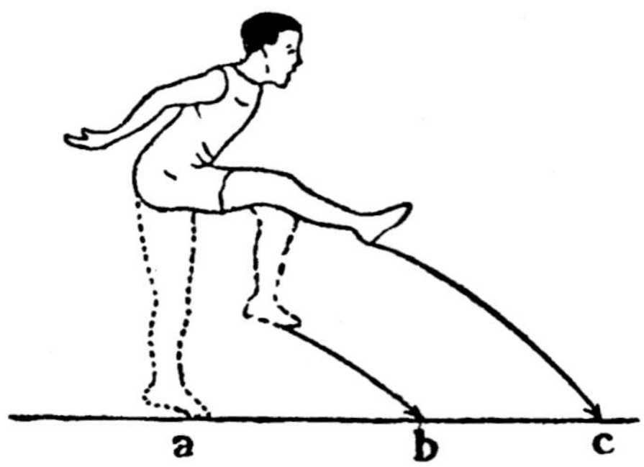

第一百四十二图

第一百四十二图为近落地之姿势,若当时髋关节伸直,则在 a 点即触地。若大腿前举,小腿不向前伸,在 b 点即落地。若能于落地之前,大小腿前举,则可在 c 点落地。其计算之方法,详上编十二节。

十三 立定跳远

立定跳远之成绩,除方法外,与身材之大小,肌肉之速度,及运用肌肉之自制力,有密切关系。盖立定跳远所利用之力量,尽限于腿之蹬力及上肢之摆动力。需杠杆之长度,肌肉之速度,及肌肉之自制力更多也。

起跳之前,立跳板上,以跖部之前端,切跳板之前边。中间离一手之阔,足尖向前,微向内斜,较外斜为善,因跳出时,得用全跖之力也。两臂向前上振,全体伸直,于是臀下降,上体向前倾,重心下降,屈大小腿。小腿与地面近四十五度,以预备跳(如第一百四十三图 b)。于是两腿之股膝踝三关节,霎时伸直以起跳。两臂同时向前上振,上体亦向前上移动,胸向前挺直。至全体伸直与地面成 45°(如第一百四十三图 c),身体在最高之点,两膝向前上提,小腿亦向前进,两臂开始前下振(如 d)。继以两腿前伸,两臂向后摆如 e。至两足落地之时,两臂更向前摆动,使重心前移,以免身体向后倾倒,破坏成绩。

普通之误点:

1. 跳起之时,力量及速度不大,与成绩最有损害。

2. 跳起之时,两臂不向前重振,于是向上之速度,大于向前之速度。

第一百四十三图

3. 足尖向外，则膝屈时，膝亦向外。跳之力量不能一直向前，一部份费之于无用。

4. 上体太向前倾，则因平均问题，膝不得不多屈，于是重心低降，举起身体时，须多用力。

十四　三级跳远

三级跳远之起跳，与跳远同，兹不赘述。寻常由20糎阔之跳板起跳。其式共有三种：1.为德国式，2.为英国式，3. 为阿尔兰式。

【甲】德国式(step，step and jump)　内含两步一双落单跳。所跳之足，继续更换，重心向左右移动，难于支配。但因其近似跑步，易于学习。通病为第一步太长，第二步太短，致第三步不能尽力猛跃，成绩减色。

当三级跳远跑跳远起跳时，同以左足起跳，右腿前振，毫无差别。惟后者起跳之后，立即将左腿前提，高触胸部。前者则任其后伸，不向前提。故身体微转向左，身体之右方向前。与跳远不同之点在此。身体之扭转，于第一步无益，于第二步有损。第一步太大，向左转之度益多。在左足跨第二步时，循体轴而向右转之度亦愈多，致第二步无法增长。较其成绩，则第一步之所得，不如第二步之所失。故第一步太长，于成绩毫无裨益。第三步继以左足跳。宜注意适当之高度，而起跳之后，须仿跑跳远之姿势，以两膝举起，高触胸膛，小腿向前斜举，上体向前倾，两臂由前向后振，至将落地时，小腿前伸，两臂后张。落地之后，两臂更向前举，以防身体后倾。

普通之误点有二：

(1) 第一步太长。其弊已详于前。

(2) 第一步跳勿太高，大腿勿向前斜太多，所以使第二步跳时，右足能向后下方蹬足。

【乙】英国式(hop, step and jump) 例如以左足跳，则仍以左足落地，再以左足跳右足落地，终以右足跳，双足落地。跑法跳法与上式相同。所异者左足跳起之后，膝向胸前上提，大腿前上举，使上体之移动向前多而向上少。向前之速度不致大减。落地时身体之重心，仍载左足上，使第二跳尚得有猛烈之蹬力。凡单足跳之动作，姿势能与起跑后数步之姿势相仿最好，所异者向后推之动作，不若短跑之多，及蹬足时用足之全部耳(短跑专用跖部)。第二部为跨步(以左足起跳右足落地)其速度与第一步之距离，及第一步落地之姿势有关。若第一步太大，第一步落地之时上体不向前倾，则向前之速度，强半消灭。第二跳时虽有重蹬之力，亦无济于事。学者往往易犯此病，宜十分注意。第二跳以右足落地。第三跳以右足跳。此后所有各姿势与上式同。

是项运动之要点：

(1) 第一跳之后，摆动之足宜向前重振，起惰性作用，助向前之速度。

(2) 第一跳之后，身体腾起愈多，则摆动之一边向前愈多，即身体向左转愈多。第二跳愈难致远。

(3) 第一跳落地，左足宜平脚落地，俾第二次时有伸髁节之动作，助前跳之力。

【丙】阿尔兰式(hop, hop and jump) 含两次单足跳，一次双落单跳。即跳之动作，完全由一足负担，其距离最大。是式宜注意者，为跳不可太高，高则上落之势太大，而支持之腿，易于过屈，不利于下一次之蹬足。第一第二跳宜相等，小腿不可向前下斜，宜向后作全足蹬地之动作。当身体下落之时，跳足向后下伸而蹬足。继则膝更前举，摆动之腿亦与之一致。如是则可使下落之身体，更得向上向前移动也。第三跳与上同，不赘。

a. 此人在速跑之后，跳脚以适当之方法，从跳板向上跳起。跳腿十分伸直，摆动之腿，膝屈而前举，两臂十分用力。

b. 跳者腾两米以上之空际。跳腿(左)仍向前举，他腿向下后伸，臂已下降。俾着地之后，得向前速跳也。

三级跳远(阿尔兰式)

c. 是为第一跳落地之姿势，地点在 4.50 米之处，用跳脚蹬地，两臂用力改变其原来之姿势，摆动之腿向前举。

d. 此姿势承第二次跳之后。身体向前冲，两臂做特殊之工作，以表阿尔兰特殊之点。

e. 此图表第二次跳起之后，身体在最高之点，向前流动。跳腿向前举，摆动之腿向后举。此时应注意者，为上体向前倾，及跳起一腿之小腿，勿向前举而向下垂。因第三次蹬足之时，须人全跖着地也。从此部位落地之点，大约在 8.20 米之处。

第一百四十四图

f. 第三跳与跳远同,宜有适当之高度。上体向前倾,两臂用力前上举。两膝前举,愈近胸愈好。此时身体已过十米,而所表之姿势尚未达最高之点。

g. 跳已将近落地,小腿前伸,臂向后下降。所以平均两腿向前伸之动作,而更加其速度也。身体之重心,大约在 12 米之上。

h. 两脚下落,接近 13 米之处。身体前屈。此时宜注意者,两臂前举,带重心向前,以免向后倾倒,破坏成绩。

十五　撑高跳

撑高跳为极复杂之运动,其主要之物理作用为摆。然寻常之摆,物体直接受地心之吸力而摆动。撑高跳时,人体直接受地心之吸力作用而摆之外,尚间接受竹竿之摆动力量而摆动。故身体之摆动,受两种力量之作用。如何能使以上二力发生极大效力,乃本节范围重要之问题。

【甲】推竿上举之力量　在撑竿跳高时,因竿插洞中,竿身沿旋转中心(洞即中心)而回转,于是跑之力量向上行,如第一百四十五图甲所示。插洞时之冲力转矩(impulse moment),为 $P \times I$。P 为起跳时力之方向与旋转点间之垂直距离,I 代表冲力,为跑跳二速度施身体之体积而成者,$I = m \cdot v$。

若身体与竿之关系固定不变,则跳起后身体重心所走之路为圆弧,其圆心为所插之洞。但实际上身体悬于竿上,犹振子然,故重心所走之路完全改变。如第一百四十七图所示者,竿举起之时,身体重心向旋转中心移近,于是重心所走之路改小,但因原来之速度不变,而竿之角速度增大。根据上理可得以下之定律:

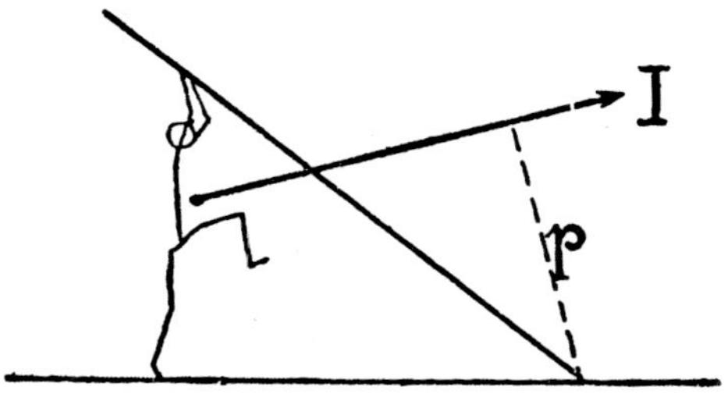

第一百四十五图甲

跳起之后，跳者之身体悬于竿上，重心愈低，而保持此重心低降之部位愈久，则竿之上升之速度愈大，而达一定高度所费之力愈省。

【乙】跑法　跑法有人主张与跳远同。其实不能。跑时执竿于手中，体角难小，不便疾跑一也。竿突出前方，两臂不能自由摆动，跑难维持平均二也。据研究结果，其速度达跳远时之 80%已足。步伐宜较跳远为短，使平均易于维持。跑之距离当为 40—50 米，与跳远同。为步伐正确起见，在 16—18 米处，应有一步点。自起跑之处至此点，速度渐加大，达最大之量。自此点至离起跳点四步处，用最大之速度快跑，末四步不加速度，维持以前之速度可矣。

跑时呼吸方法，极为重要。起跑时吸气，至步点之前换气。跳起屏气不息，身体伸直，悬垂时呼气。引体时吸气。

【丙】持竿法　以左足跳者，竿持于右方，左臂前平屈，手在肩前，手背向上，竿载拇指上，余四指勿握竿，以便插洞时上缩。右手持竿，正在右盆后，肘微屈，并向内扭转，手掌向上。竿根与眼相平，不可太高，高则插洞不易正确。竿与前后平而不得成何角度，不可左右振动，身体正向前方，不可向左扭转。肩不可前后摇动，两臂不能紧压身体，皆恐有碍跑之速度也。

【丁】执竿之高低与跳跑之合速度之关系　插洞之后，竹竿受跑跳之合速度而摆。当时所需之动能，与执竿之高低为比例。盖人体之高为一常数。执竿愈高，插洞时竿与垂线所成之角愈大，而举起之高度亦愈大，即所需之动能亦愈大（如一百四十五图乙），而跑跳之合速度亦须增加。据能力之公式 $mgh=\frac{1}{2}mv^2$，mg 及$\frac{1}{2}$为常数。$h\propto v^2$，即 h 加一倍，v 加一方倍。可知执竿之高度加一点,而所加之速度须极多也。常人跑跳之合速度皆有限,执竿不能任意增高。故是项运动,不能专恃增加执竿高度,以求成绩之进步。大概身体轻者,执竿可较低,重且高者得较高。据经验所得,跳之姿势好者可较低。

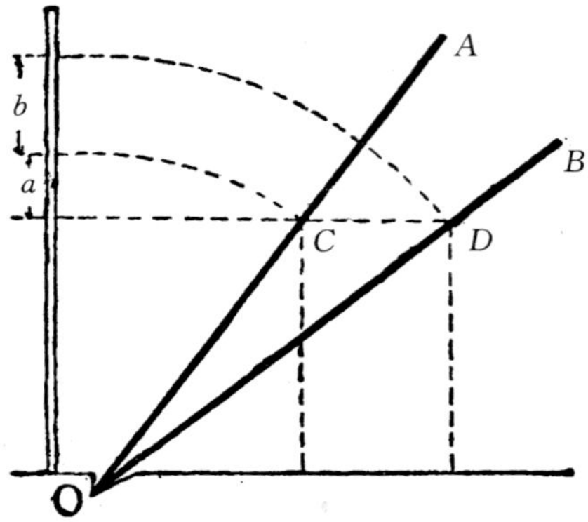

第一百四十五图乙

a b 之长短表所需动能之多少,*a* 为举起 *A* 竿所需之动能,*b* 为举起 *B* 竿所需之动能。*b* 大于 *a*。

【戊】插洞法 跑至末四步,速度不再增加,全体准备跳之动作,已如上述。至末二步及末一步之间,竿之上部,向前上摆动,高至肩齐,同时左臂沿前后平面向上滑动,至接近右手而止(跳起之后,万不可放松下落)。至左足蹬地之前,竿根近地,沿地面而插洞,不可有下击及由上向下插之动作。盖插洞之目的,欲竿根向前之速度立刻停止,而竿之上部受跑跳之速度,向前上摆,以钓起身体。若用下击及下插之动作,则竿根停止不快,竿他端上摆之速度亦减低。插洞时两臂微屈,作悬起之姿势。

【己】跳法 跳之方向,向前少而向上多。体角为80°。起跳之点,全视执竿之高低而定。竿执愈高,上方一手之正射影离洞愈远,起跳点亦宜稍远。起跳点普通以离正射影后20糎之处为最合式(如第一百四十六图2)。过向后则跳之力不能完全举起身体,过向前则跳起之后少位能之利益,向前摆动之势不足(如一百四十六图)。

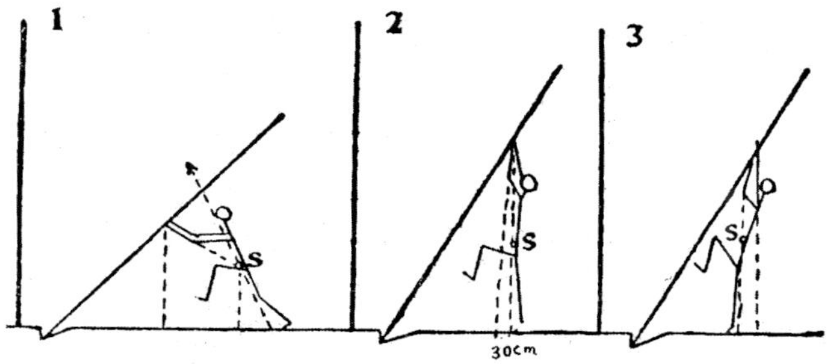

第一百四十六图

撑高跳握竿之高低与起跳点之远近：1.起脚太远，握手点之正射影，与起跳点及重心之正射影相离太远。2.为合式之起跳部位，起跳点，重心及握手点，均在直线上，握手点之正射影，在起跳点之前。3.起跳太近，握手点之正射影，在重心之后。

【庚】摆法 撑高跳身体为一摆，按上编二十四节摆愈长，则位能愈大，而摆过垂直线时之动能亦愈大。故跳起之后身体宜伸直（屈肌不可放松），臂微屈，髋关节伸直，小腿微后屈。此不但可使位能增大，且可留以后身体缩短之余地（如一百四十七图）。

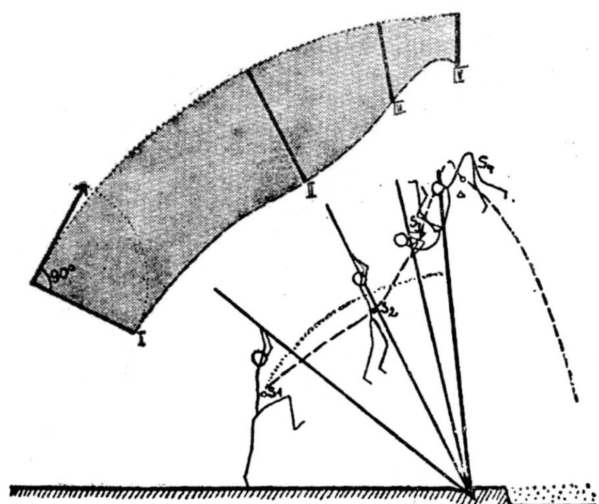

第一百四十七图

撑高跳各部动作之顺序：Ⅰ.为起跳；Ⅱ.为摆；Ⅱ.为转体；Ⅳ.为弓身撑，---为身体重心所走之曲线，……为身体与竿之关系固定时重心所走之曲线。角速度因有伸缩，可以上方不规则之平面表明。人们可以见重心与竿之回转点之距离，影响于竿之角度之大小。

【辛】引体法 按上编二十四节，摆过垂线之后，摆缩短愈多，则摆角之增加愈大。撑高跳引体及屈体愈多，则身体愈能上举而脚愈能向上伸。当身体伸直前摆，至重心高出地 1.80 米，竿与地面之角，为 40°—60°。身体向竿接近，下肢亦向前高举。但两臂依然保持微屈之姿势（如一百四十七图）。及腿向上高举近手，则极力引体，腿可升高数呎，而身亦易至倒立之部位。有时引体而不能达倒立之部位者，大约因引体太早，未得摆动之速度也。如第一百四十八图所示者，为最合式之引体后之姿势。此外所应注意者，即运用肌肉之法。自跳起之后，身体虽伸直摆动，而全身屈肌不能放松。因竿摆起至直立之时间极短，须早准备引体，则引体之动作，方得快速。

第一百四十八图

第一百四十九图　转体动作

第一百五十图　弓身撑

【壬】蹬脚及转体　是动作正继引体之后，腿举愈高，离竿逾近，则蹬足愈高愈向上，转体愈易而身体离横竿愈多。此固一定之理。然欲达是目的，须注意以下三点：1.全体屈肌十分收缩，维持屈腿弓身悬垂之姿势。2.在屈腿弓身悬垂之部位，上摆终了之前，即须行蹬足转体之动作。3.蹬足及转体须同时而迅速。4.蹬足之方向宜向上。以上诸点，苟均能达到，则屈肘倒立之姿势（如一百四十七图）不难做成。

【癸】手推及双腿下振之动作　倒立之后，须做手推及双腿下振之动作。否则受地心吸力之作用，身体直接下落。盖振腿之动作，可使上体向上回转，到弓身撑(jack knife)之部位，两臂伸直，行推竿之动作，可以使两臂上举；二者皆足以令身体过横竿时，远离横竿。

【子】结论 过横竿时，不能达弓身撑(jack knife)之姿势，非身体触横竿，即两手打横竿，其重要可知。果用何种方法，以成就此姿势，乃本节所应讨论者。弓身撑之姿势，承两腿前振之后，而两腿前振之动作，须从屈肘倒立时行之，身体在水平部位不能也。故弓身撑之成败，视屈肘倒立之成败而定。又屈肘倒立之部位，承蹬足转体之后。蹬足转体之后。能否成屈肘倒立之姿势，视全身屈缩之程度，与腿举之高度蹬足之方向而定。故弓身撑之成败，间接又与引体蹬足有关。欲引体之后，摆角增大，两腿高举，一方固赖全体之屈缩，而跳起后身体之善事摆动，亦极重要。故弓身撑之成败，又与摆动有关。由是可知，弓身撑为一结晶之动作，步步到家，方能成功，非易事也。

第一百五十一图

十六 掷标枪

掷标枪与掷铁球掷铁饼统称掷重，又名三铁。根据力学分析三者所施力量，并不相类。盖掷铁饼纯系圆运动，铁球多直线运动，而标枪则直线运动与圆运动并用，其性质较为复杂。掷标枪者，具机巧敏捷之身体，反较力量为重要。二十年来，掷之方法大有进步。前后可得三种，第一种，发明最早而容易，第三种发明不久，最难。

1

2.

3.

第一百五十二图

【甲】握枪法 握之部位，宜在缠绳之上端，以食指大拇指，握绳之外，自中指以下，皆握绳上，以便手指用力。握之方法，普通有三种：1.大拇指与四指均握枪。2.大拇指食指中指无名指握枪，以小指垫枪下。3. 大拇指食指与中指握枪，以无名指垫枪下。三者究采何种，须视手之解剖及掷之方法而定。臂垂直上举握枪之时，枪尖向下(即枪下身与臂所成之角小于 90°)，小指握愈紧，则枪尖愈下向，掷出之前，身体即能后倾 45°，而枪身与地所成之角决不及 40°。掷出之后，不能达抛物线之最远距离。可见小指与无名指握之松紧，实与枪掷出之方向大有关系。故用第一种方法握枪，无名指小指不可紧握。第二种握法，枪下半身与臂所成之角，可较第一种握法为大。且因小指垫枪下，方向易于稳定，第一第二式掷法均可采用。至于第三种握法，手指与枪之间动作自由，枪与臂间之角度，可任意变更。第三种掷法，须采此握法。否则臂绕圆圈之时，枪不得保持原来之角度。

【乙】跑法 掷枪亦应用加速度，立停掷出，加速度之余地只有数尺。掷前，如跑若干距离，使枪得有相当之加速度，然后再加以身体及上肢掷枪之速度，成绩定能较立定掷出时为远。跑之用意，即在于此。至于跑之距离及速度，视运动员体格之大小，跑道之情形，掷法之不同而异。体格高大者，其体力足以掷远，跑可较短而速度可较小。体格矮小者，体力不足，掷出之前，枪无相当之速度，不足以远掷。故跑之距离宜大，而速度亦宜较大。跑道湿而滑，速度难于加大。煤屑路上，可得大速度。

跑之距离寻常为 15—20 米(若跑十四步，前八步当跑 9.40 米，后六步跑 8.6 米)。自起点至离掷出点六步前，须渐渐加高，达最高之速度。末数步保持以前之速度。在末六步上，应有石灰线，右脚着此线，右手即开始向后伸。

(一) 末五步之步法　末数步，最忌用单足跳，以其停止向前之速度也。接踵步法，不免减慢跑之速度，亦不适用。瑞典芬兰德意志诸邦之标枪名手，都通用交叉腾步法。常人不知其用意，颇忽视之。兹为引起学者特别注意起见，将单足跳，接踵步法，交叉步法三者与速度之关系，分析比较于下。

肌肉之收缩放松，需一定之反应时间(reaction time)，其速度有一定限度。人之跑步，左腿放松，右腿收缩，左右两步所费之时间，即单足跳一步之时间，亦等于接踵步所费之时间。单足跳之距离，苟等于接踵步之半，则速度小一半，然而实际上，在掷枪之时，单足跳之距离，至多不得过 60 糎，而接踵步两左足间之距离，可达 150 糎。可见单足跳之速度，与接踵步之速度比为 2∶5。故单足跳时，枪之前进速度，为接踵步时之五分之二。

单足跳与交叉腾步比较，则所差更远。右足单足跳一次之距离，不过 60 糎左右，而交叉腾步可得 300 糎。其比例为 1∶5，二者相差更远。吾国之习掷枪者，对于末数步，大都忽略。视第一百五十三图，即是以明其利害。

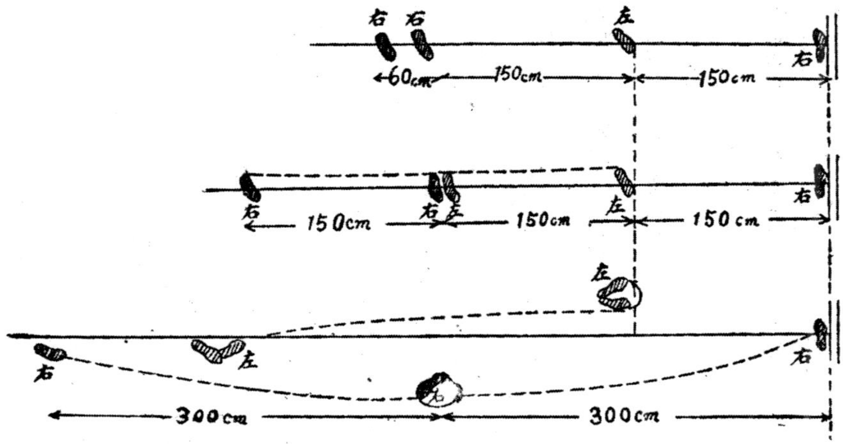

第一百五十三图　单足跳接踵步与交叉腾步之比较

单足跳之距离为 60 *cm*，接踵步为 150 *cm*，交叉腾步为 300 *cm*。

（二）末五步长短之分配　寻常跑之步长，宜为 120 糎。末第五步为 130 糎，末四步宜增长至 150 糎，一所以使速度保持。一所以使身体易向右倾，与掷出之速度，均有直接关系。

【丙】掷前数步臂之动作　共有三种方法。

（一）后拖式　右手按上述之方法握枪，跑时，右臂向后下斜伸，腕向内转，掌向上，至左脚（右手掷）末第二步着地时（参观第一百五十四图 1，2，3*a*），右手向外转，身体向右转八分之一，同时身体向右后倾。枪尖向 30°—35°。至左脚末一步将着地时，即行掷出。掷出之后，受屈体之影响，再向前一短步。此法最易于学习，而右臂后伸平均不易维持，前跑不便，加速度难，其缺点一。握枪之一臂，无后伸之动作，胸大肌等无向前之反动力，其缺点二。枪已在后伸之部位，腾步不便，其缺点三。瑞典芬兰德意志所有之掷枪名手，都少用此法，只便于初学者练习而已。

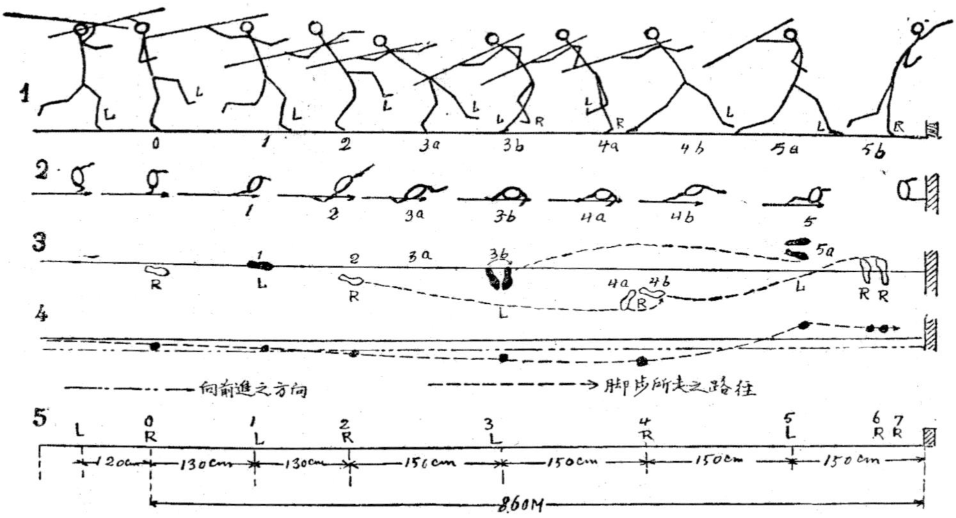

第一百五十四图　后伸式及其末八步之配

1.表握枪之方法,体角,及身体之波动。2.表身体之横切面,沿体轴而旋转之角度。臂时屈时伸,而枪指掷出之方向仍不改变。3.表脚步,3*b* 及 4*a* 时,为交叉腾步,脚有旋转之动作。4.表跑之路线,微偏左方。第三步以后,步伐放长。

第一百五十五图

第一百五十六图

1. 为交叉腾步 2—4.肘弯向上转而掷出，臂向右转支持在左足上

第一百五十七图　后拖式

（二）后伸式　右手以同法握枪，德人举枪高等头顶，芬兰人瑞典人以小臂向后斜伸，直达肩上，腕节内屈。其优点在枪身稳固，便于前跑。枪尖与眼等高，正对眉心。右臂向后伸之动作，有主张左脚末第二步着地时行之者，有在左脚末第三步者，究以何者为最合理。宜根据枪之向前速度及胸大肌等之反动力而定。第一种后伸太迟，后伸之速度非快不可，枪向前之速度完全对消。且因太快之故，后伸不得充分，反动力有时亦大，结果得不偿失。麦克乐氏在《体育季刊》上所登之掷枪方法，主张在末第三步（即左脚末步二步）行伸臂之动作，恐有不妥之处。按作者研究所得，右臂后伸之动作，以右脚末第四步（R_1）着地时行之为最妥。如第一百五十四图 1，3 所示。第一步右脚（R_1）着地之时，右手向后伸，肩放松，右小臂内转，腕节屈。第三步（R_3）着地时，身体向右转约八分之一，右臂下降，完全后伸。第四步（L_4）着地时，身体向右下倾，同时臀部向前移，使重心向前行，作右脚交叉腾步之准备。第五步（R_{5a}）为腾步，即右脚从左脚前向左速踏一步。着地时，右踵向左前方，身体更向右转。此后右脚尖即向前指，身体亦向前转，回至向右转八分之一之部位而止（第一百五十四图 4b）。同时左臂左腿向左摆动，愈多愈妙。右臂亦十分伸直，准备掷出。左脚末一步着地时，枪即掷出。以后即同上法，右脚向前跨一步。此外应注意者，枪后伸之时，须在一直线上向后流动。在 R_3L_4 两步时，枪停在掌上，握枪较松，至 R_{5a} 时则紧握。

（三）掷棒球式　其掷出前臂之动作，类似掷棒球（如一百五十八图）。芬兰人多用此法。手以第三种方法握枪，或用第一第二种均可。前跑时，手在耳前一呎。至右足末第三步（如一百五十八图 2）前跨时，右手向前下后绕一环。此时如用第三种握法，手指可牢握不动。若用第一或第二种握法，则绕过水平面下时，中指以下三指须放松，主要以大拇指及食指握枪。否则枪身不得保持在原来之平面上。及左脚跳起，右脚腾步落地时，已至第二法预备之部位。此时手指紧握，枪托掌上，腕节过伸，使其工作距离大。枪身与地成 30°—35°，掷出之方法，详于下，兹不赘。

第一百五十八图　棒球式

从 1 至 4 臂作前绕之动作。枪身不变方向，直至身体后仰时（如 4），枪尖始向前上方。

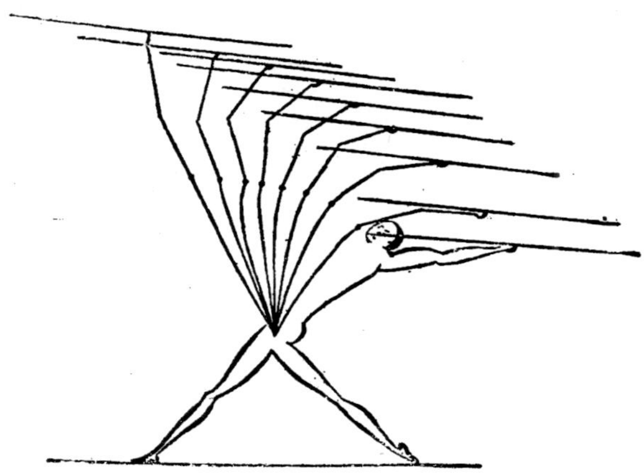

第一百五十九图

从此图可以表掷枪动作一部份纯是圆运动，以髋关节为转轴，上肢与上体一致，为圆半径。最重要者肘关节勿伸太早，图中表明者极合理。

是式有三难点：1.手向前绕环时，手之方向，刻刻变换，而枪与地面所成之角，难固定不变。2.由预备姿势所经之路太多，途中多枪身摇动之机会。3.握枪之时松时紧，支配难当。枪身亦易摇摆。苟手绕环时，枪身能在一左右平面上运动，同时保持与地面所成之角度，则方法得矣。

第一百六十图

【丁】掷出之动作 掷前,臂之动作,不论用何方式,右臂皆须十分向后伸直,右手内转,以免肘屈。枪与地面成 30°—35°。同时身体向右倾,与地面成 45°角。使工作距离增长(working distance)(参观第一编二十五节)。其时背部及肩关节十分伸直,与上体成一体。盖掷枪之动作,在身体上为一种圆运动,而其轴心在腰部(观第一百五十九图)。肩背后伸,均足以使圆半径增长。枪以手上之线速度而掷出,当然与此圆半径有正的比例,掷出之时,腹肌即起收缩,使身体向左转,向前屈,再加以下诸力:1.大臂前摆之力(宜向前上摆),2.伸肘节之力(小臂宜保持后伸之姿势,愈大愈妙。伸肘太早,则全臂之动作,成推之动作,枪不能插地),3.屈腕之力(掷出时,手掌由向上而变为向前,腕关节由内转而至外转,由伸而至屈)。掷出而枪不能插地者,腹肌之力未用到,及屈腕伸肘之动作太早为之也。

【戊】枪出之方向 枪出之时,有两种角度:1.为枪之重心所走之路,与地面所成之角,名曰枪流角。2.为枪身与地面所成之角,曰枪倾角。按抛物线之理,二者皆为 45°最好。然枪掷出之后,枪尖务须插地。倾角太大,插地不易。依芬兰德意志诸掷枪名手经验所得,枪之流角以 50°—55°为最合式。倾角以 30°—35°为最合式。在此二种角度范围之内,流角愈大,倾角可愈小。此二种角度大小之关键,在屈腕放手之时间,及枪尖与枪重心之距离。大抵放手早,则流角大(最好臂垂直之时放手)。迟则小。屈腕节早,则倾角大。迟则小。读第一百六十一图之注解,可以明了。又重心离枪愈近,则倾角愈大。倾角愈大,则流角愈小。因之枪尖不能插地。

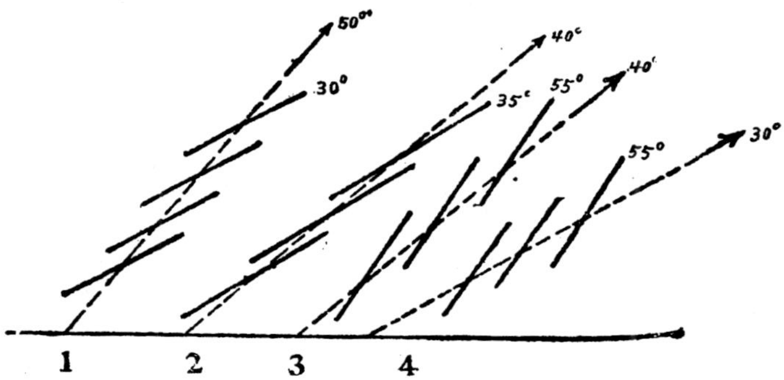

第一百六十一图

流角与倾角　流角愈大,倾角愈小。1.芬兰人 Myyrha 掷枪之流角为 50°,倾角为 30°。2. 德国掷枪者之平均数,流角为 40°,倾角为 35°。3. 4. 屈腕太早,故倾角大。枪放太迟,故流角小。

十七　掷铁饼

【甲】力学之根据　掷铁饼,纯系圆运动,力学中最有关系之公式,莫如离心力 $\left(F=\frac{mv^2}{r}\right)$。掷出之距离,与离心力为正比例。同时与铁饼之速度之平方为正比例,即速度从两个单位加到四个单位,而距离则从四个单位到十六个单位 $\left(16F=\frac{m(4v)^2}{r}\right)$。速度增加一点,距离增加甚大。故欲掷铁饼成绩增加,须使速度增加。又据上编十九节圆运动之公式 $v=\omega r$, ω 为角度,r 为半径(即身体之旋转轴，与饼心间之距离）。可知欲速度增加，有两方法：1.增加角速度，即转体之时速度宜大。2.增加旋转半径，即转体之时右臂宜伸直，肩节宜后张，掷出之时，宜以左肩为中心，即此用意。然二法之中，尤以角速度为最重要，其故有二：1.依上编十六节之公式（第三十七面）$F=m\omega^2 r$。即角速度与离心力之比为平方比。角速度由一个单位增至两个单位，则离心力可由两个单位加至四个单位。可知角速度增一点，离心力加许多。而半径与离心力则为1与1之比。2.人之神经肌肉反应迅速，运动经验丰富者，角速度可无限增加，而半径之长短，则受天然之限制，无法增长也。

根据上述各公式，可得数条关于掷铁饼之基本法则。

（一）旋转愈快，离心力愈大，即向心力亦愈大，而饼所占之地位愈小。

（二）身体愈小，两臂愈短，欲离心力之增加，只有增加角速度之一法。故身体愈矮小者，旋转愈宜速。

（三）体格愈高大，铁饼之速度愈有增加之机会。但两脚所占之面积愈大，掷出之时，欲不出圈愈难。故体格高大者，最初所立之地点、宜切铁圈之后内缘，使地位经济。

（四）旋转之末第二步，愈近铁圈前缘，则最后交叉跳之空间愈少。伸腿之动作宜多用，使向上跳多，向前跳少。

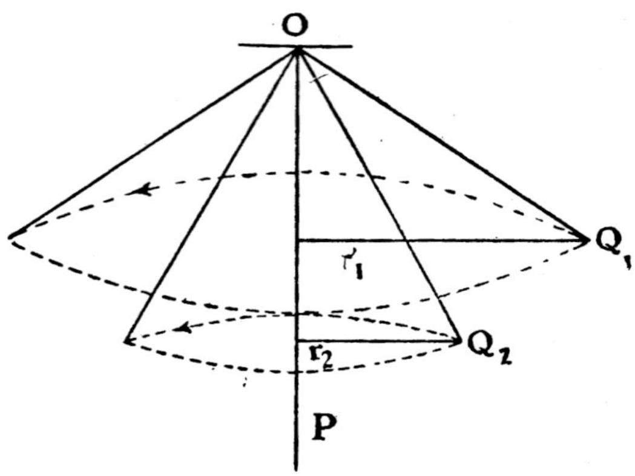

第一百六十二图

OP 为转轴，$r_1 r_2$ 假定为铁饼与身体转轴间之距离，r_1 大于 r_2，故 OQ_1 以 *OP* 轴回转之圆锥形面积（除其底）较 OQ_2 回转所成之面积，近于平面。

（五）铁饼与身体之转轴间之水平距离愈大，则右臂所回转而成之圆锥形面愈近平面，铁饼所走之路愈远，即铁饼之速度愈大。而肩关节愈能伸张。工作距离亦愈大。

【乙】速度之分析，掷铁饼之速度，可分为以下种种。

（一）旋转之速度　旋转之速度，宜应用加速度之理。譬如以背向法旋转，其旋转角度，共一周有半，第一半周宜慢，第二半周稍快，第三半周须极快。若有停顿，则加速度之意义全失。停顿以前之速度，完全打消。

（二）身体各部力量所加之速度。

（1）预备掷出时，身体向左扭转之速度。

（2）旋转将毕时，两脚跳起之速度。

（3）右臂上摆之速度。

（4）铁饼脱手之前，手腕向外稍屈，手指用力拨饼之速度（即增加向心力发生离心力之理）。

以上（甲）（乙）两项速度，层层增加，方得最大之距离。

【丙】旋转步法　旋转步法，有侧向背向两种。前者左脚在圆直径之上，在圆心后半米，右脚靠近铁圈后边（如第一百六十三图）。后者背掷出之方向，右脚尖紧靠圈边，左足尖距圈边约十五糎。其步法大概相同。惟第二种既易学习，又多效力。学者宜用之。

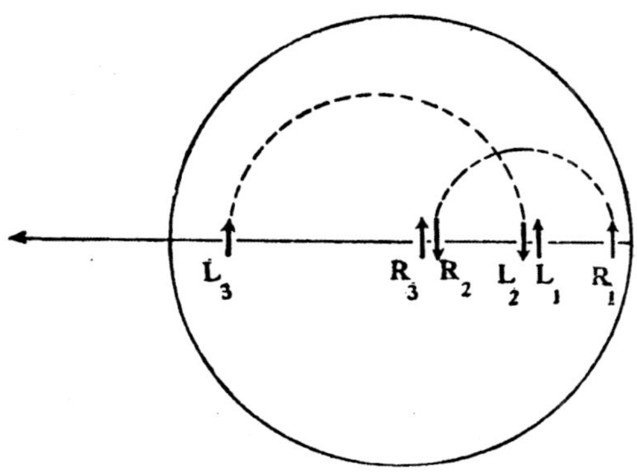

第一百六十三图

【丁】握饼方法 亦有三种如下。

（一）手掌小而指力不大者，握饼之时，手指不可分开。并以第二指节扣饼。

（二）手掌较大，指力充足者，用手指张开握饼，并以第一指节扣饼边。

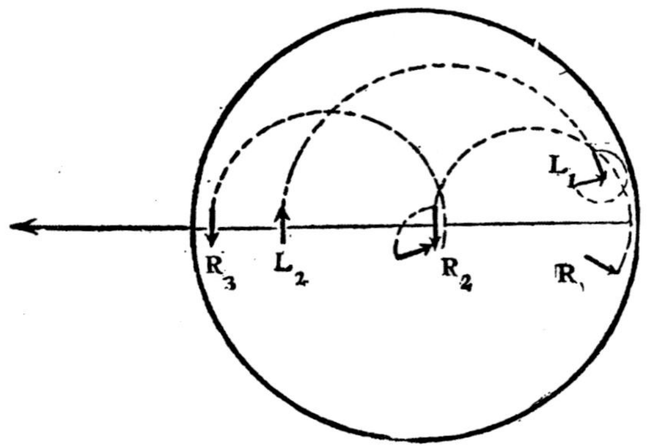

第一百六十四图

（三）伸指握法，第一指节微屈，几近伸直。

以上三种握饼法，饼心与手心，均不宜在一直线上，饼心宜向拇指一方移开一糎之谱，则掷出之时，饼易旋转，且方向一直向前。

屈指肌肉，与全臂屈肌有相感之作用。倘用第一第二法，而握饼太紧，则全臂屈肌均相应收缩。掷之动作，为之僵硬，肌肉之弹性，不能完全利用。成绩减少。

【戊】摆动方法 摆动方法，视掷法而异。兹分述于下。

（一）转体掷法之摆臂方法 握饼之臂，向右下后斜摆。上体随之转动，肘肩二关节，完全伸直，左踵稍起，右踵落地。至最后方，则再向前上斜摆，同时用左手扶饼，两臂可屈可直，右踵稍起，左踵着地。

（二）波形摆动掷法之摆动法 此种掷法在旋转之时，饼作上下之波形，摆臂动作，须与之一致，方有意味。其摆法与前法同，惟前法摆至后方时，臂后斜平举，而此则后上斜举也。前法摆至前方之时，臂左上斜举，而此则左下斜举也。

（三）螺旋掷法之摆臂方法 臂摆至前方时，与第一法同。至后方时，则身体前屈,摆臂在背上后平屈,掌向后上方(如上编第三十四图)。

以上三种摆臂方法,孰优孰劣,从其本身,无法辨别。且俟下节,详细批评。惟与其共同目的,则在旋转之时,铁饼得在身体左右平面之后,使工作距离增大。

【己】旋转之方法 共有三法如下。

(一)转体掷法 旋转动作,由右臂向后摆动终了之时起。两臂微屈,重心移在左脚上,右臂极力向后伸张(使工作距离大)。此后身体即向左转,以左足尖,为旋转中心(左脚不可向后退移)。至右脚绕达掷饼之方向,而两脚相距八十糎时,右脚尖落地。以右脚尖为中心,再向左转半圈。至左脚达掷饼之方向,而距右脚约一米之时,两脚均落地上,重量在右脚上。旋转之时,应注意者,一脚固定,他脚须循圆弧而绕动,与上体及臂之动作一致。若步法类似跨步或踏步,则旋转之动作受影响。旋转之速度亦减小。成绩减色矣。

(二)波形摆动掷法 旋转之步法及转动之方向等,均与上法同。惟在此旋转进行之右臂,作两次上下波摆(如第一百六十五及第一百六十七图)。即旋转之动作,由右臂向后摆动终了,而后臂上举时(其时背向掷出之方向)开始旋转。至旋转半周之时,(其时面向掷出之方向)右臂下降。与地成45°。至达八分之七周时,(其时以背向掷出之方向)右臂更上后举。至一又八分之一周时,臂又低降,与地成45°,终绕八分之二周掷出。此种波摆,绳以力学,毫无利益。从心理方面讲,则多费脑力。从生理方面讲,则多用肌力,并不足法。

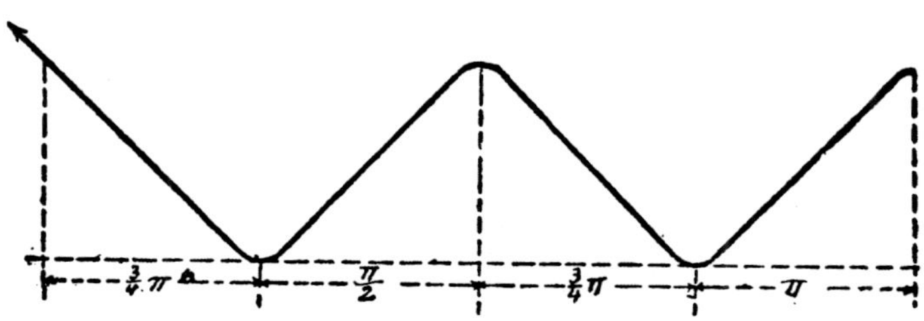

第一百六十五图

上图表有二次波动,第一波之上半向下,在旋转半周时间内行之,下半为向上,在旋转$\frac{3}{8}$周之时间内行之,第二波之上半,在旋转$\frac{1}{4}$周之时间内行之,第二波下半亦以第$\frac{1}{4}$周之时间内行之。可见波摆动作,亦有加速度之意味。

第一百六十六图　背向旋转法

是与第一百六十四图并行。1.为背向而立之预备姿势。2.以左脚为中心,已旋转四分之一周,尚须继续转半周。3.为已转过半周后之姿势。此时右脚将落地,左脚尚未提起。4.承3.后之姿势,右脚着地,左脚举起。

第一百六十七图　波形摆动掷法

是由背向法开始转动　由上列之左面数起第二圈开始,饼在后上方,至上列第四图,则旋转已二分之一周,饼在下后方。再至下列左面数起第二图则已旋转一周其姿势与上列第二图相仿。至下列由左面数起第五图,则臂又下降。从此部位,向前上掷出。

第一百六十八图

掷铁饼开始转动之姿势

(甲)

左脚已移动，转动已开始

(乙)

在转动之中

第一百六十九图

第一百七十图

转体之中，上体常向前倾，背向掷出之方向时，精神须用出。

第一百七十一图

身体之左方正对掷出之方向正豫掷出。

第一百七十二图

饼脱手后之姿势

（三）螺旋掷法　螺旋之名，据作者所见，有两种意义。

1. 手由后平屈之部位，而至掷出之时，铁饼所走之路，投射于水平面上，确成一螺旋线(如一百七十三图)。又据研究所得，开始旋转之时，身体宜下蹲(如一百七十五图)，饼之地位宜低，由开始旋转之时而至掷出之际，亦成一螺旋线(如一百七十四图)。名以螺旋掷法，确有根据。此种方法，最近发明，绳以力学，极有根据。其一，臂在后平屈之部位，足使惰性矩减小，旋转速度易大。且旋转过一周之后，右臂依然伸直。按离心力之公式 $F=m\omega^2 r$ 中，ω 为角速度，r 为半径。角速度增加，半径不变，离心力当然增加。其二，铁饼在极后之部位，工作距离较大。有此两种利益，其地位当然最高。

【庚】掷出之方法　用以上任何摆法，摆至距掷出之方向，尚有八分之三周时，宜继续增加摆之速度，同时须增加转体之速度，右臂向上摆之速度，及右臂拨饼之速度(如第一百七十六图)。欲此三速度,完全加于旋转之速度,宜在距掷出之方八分之三周时行三动作:1.全体向左转,两膝同时用力挺直,重心向掷出之方向移动,右臂极力向前上斜摔动。其方向宜由外向上,不可由下向上,所以与旋转之速度一致也。右臂之摔动,以左肩为中心,宜在两脚未跳起以前。铁饼离手之时,宜正在两脚离地之前。2.铁饼离手之时,腕不宜伸,伸则饼面不得与掷出之抛物线相切。3.饼离手时,手指宜向内拨。然后饼向右旋转而出(如第一百七十六图),速度增加。

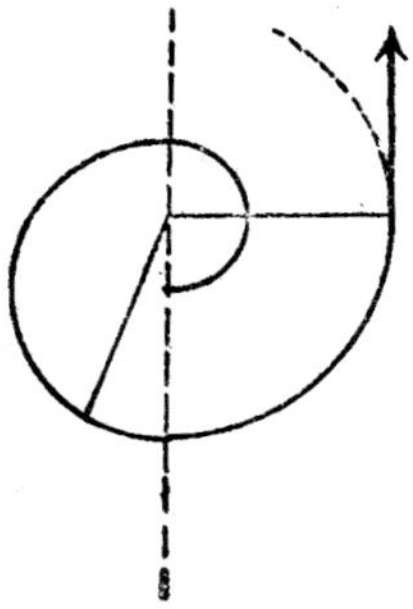

第一百七十三图

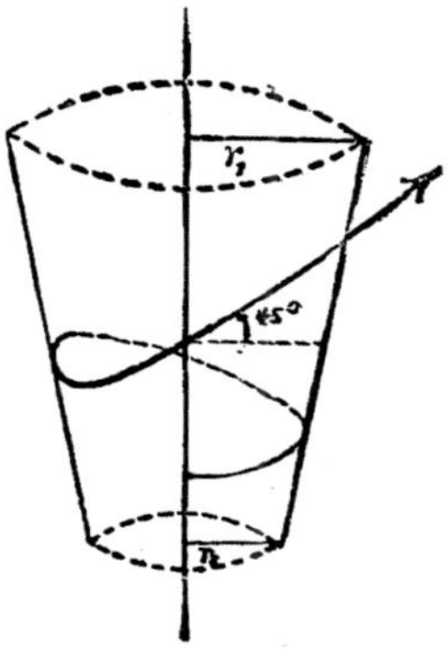

第一百七十四图

第一百七十五图

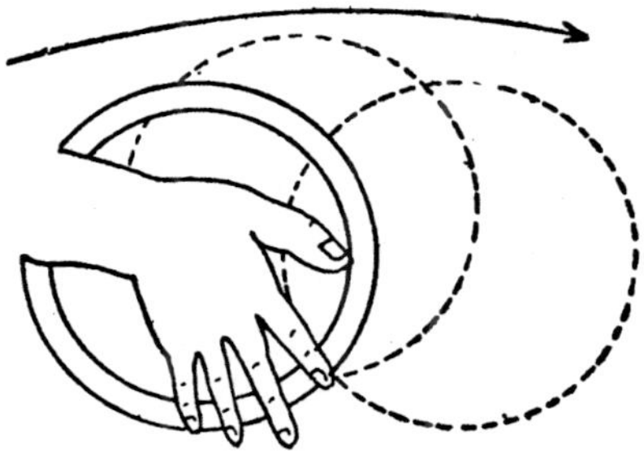

第一百七十六图

【辛】掷之方向 按抛物线之公式,掷出之方向,宜成 45°。故不论何种掷法,旋转之螺旋由下向上倾斜,亦宜成 45°。波式掷法,上下波动至末了八分之二周时，饼所走之路，亦宜与地面成 40°—45°之角。螺旋掷法之开始旋转时，铁饼之位置宜低，以 40°—45°之角，螺旋而上。皆所以使掷出之角与地面成 40°—45°也。

掷出时，铁饼之面，宜与抛物线相切（如第一百七十七图 *a*，*b*）。且其自转之轴，宜与面成正交。万不可与抛物线成正交，增加空气之阻力（如第一百七十七图 *c*，*d*）。

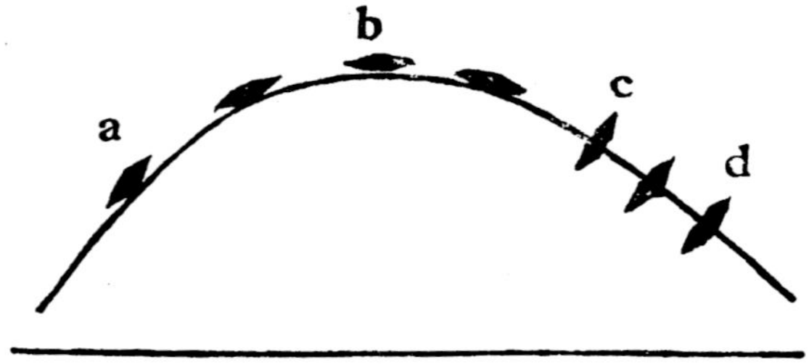

第一百七十七图

普通之误点

【甲】关于旋转时者

（一）旋转之初左脚先向后退一步，则旋转之度数，因以减少，有损成绩。

（二）平均之不良，因旋转之脚，不成半圆形，故上下肢之动作不能调和也。

（三）旋转时双足跳起，支点无着，不能应用身体之力量。

（四）旋转时旋步之长度不足，失向前进之速度，尚属小事。末一步，右足离铁圈太远，有害成绩。

（五）旋转之速度不依加速度之方法，寻常因起初太快，后反减慢为之也。应渐渐加快，中间毫无停顿。

（六）旋转时，右臂不向后伸张，由旋转之初，至身体已转向掷出之方向而双膝挺直时，右臂宜始终保持向后伸张之部位。否则工作距离不大。

【乙】关于掷出时者

（一）身体向左弯，误用弯体之力，使饼出之方向改变也。

（二）掷出时以右肩或脊柱为中心，旋转之半径缩短，离心力减小。

（三）右脚离地太早，掷时若脚不在地上，即无用力之支点，故饼掷出之后，脚方可跳起。

（四）掷出后，饼在空中摆动，或其面与抛物线不切。因受空气之阻力太多，饼不易远。

十八 推铅球

推铅球一项运动，大部应用加速度之理，已如上编第五节所述。本节所讨论者，为各部动作之做法，及达到最大效果之方法。兹分析而详论于下。

【甲】预备动作 与成绩间接发生关系，不可忽视。

（一）预立地点 推者立后半圈之内，推出之方向与前进之方向，均在圈之直径上。身体之重量载右脚上，左脚前伸，以脚尖轻点地上。上体微向右前倾（如第一百七十九图），视线向下。

第一百七十八图

a. 表明腕节过伸，其工作距离大。
b. 表明少伸之度少，其工作距离少。

第一百七十九图

（二）执球之姿势 球托手中，着力之点在五指第三指骨下端。中三指并合，用拇小二指维持球之内外平衡（如第一百七十九图之执球姿势）。腕关节宜向后过伸，伸之程度愈大，则屈腕肌肉用力于球之机会愈多。如第一百七十八图所示，比较其伸之程度，即可知其机械的利益之多少。运动员腕力薄弱，不能作最合理之执法者，则当注意发达屈腕节之肌肉。自预备之时至起推之际，执球之手臂肩各部肌肉，宜尽量放松。球托锁骨外半之前，勿支持于锁骨之上。

（三）屈肘之姿势　屈肘之后，球须接近锁骨外半之前，否则犯规。但同在此部位，而肘有向下向侧之分。何种较为适宜，本节应加讨论。铅球推出，固属直线运动。分析其速度，则一部份由圆运动而来也。按圆运动公式 $v=\omega r$，即角速度相等时，线速度之大小视圆半径之大小而定。肘向侧举时半径大（如第一百八十图 1，2）。肘向下，则图半径小（如同图 3，4）。

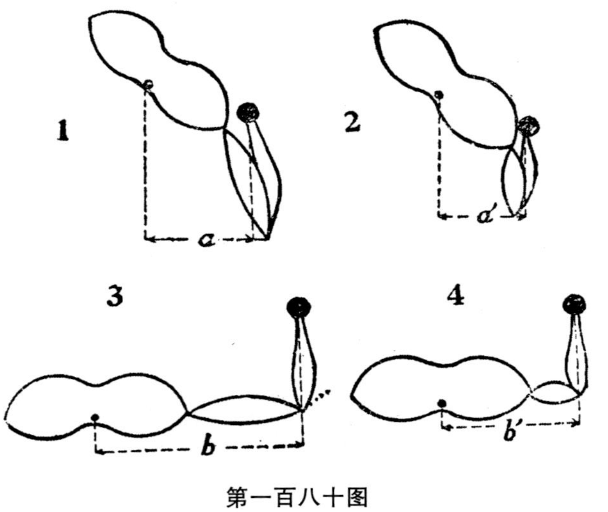

第一百八十图

上图中呈蚕茧形者，为身体之横切面。其余为大小臂与铅球。aa 及 bb 为脊柱与球间之横距离。1，2，表明肘向侧之姿势，其脊柱与球间之横距离大。3，4，为肘向下之姿势，a' 小于 a，b' 小于 b。

（四）原地摆动　推铅球向圈前进以前，有预备之活动，则前进之速度大。此种动作，始于左腿及左臂之侧举，同时上体微向前扭转，右臂微向前回转。

为平均起见，右臂向右移动，重心微上升，身体向右成弓形。摆动终了，则回至原状。

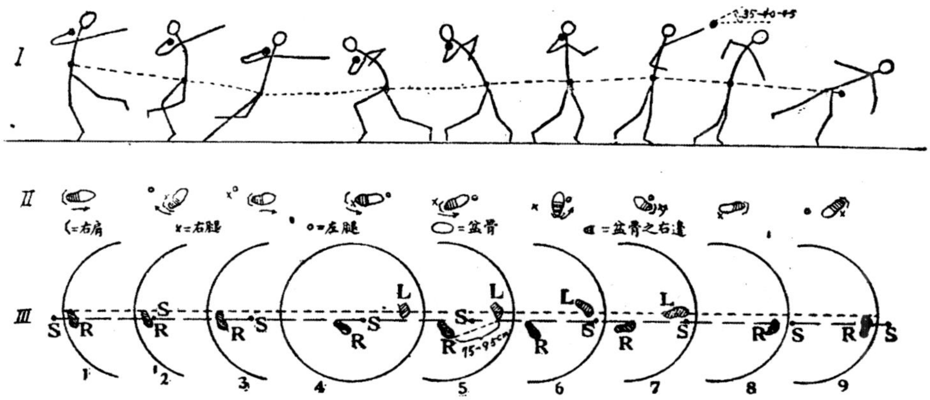

第一百八十一图　推铅球之进行程序

推铅球各动作之进行程序：I.身体重心所走之曲线，及从侧面看之身体波浪。II.肩盆腿三者同时之各种配合部位。III.表明脚与推出方向(圆直径)之关系，及执球时特殊重心(执球时人之重心改变位置)*S* 与脚之关系。

【乙】前进之动作　此动作，始于上节之最后一摆动之动作(如第一百八十二图)，继即左腿向右腿后重振。左臂前举，可达右肩前，上体微向右扭转，左臂与重心均向左移动，右肩下落。此时身体向左成弓形(如一百八十三图)。与上节适相反。此后右脚向外转，髁关节伸直，膝关节仍屈。于是重心向左移动，上体向右扭转，循圆圈之直径而向左流动。右脚尖向右，从地上流滑，同时右膝伸直(如第一百八十四图及一百八十一图之Ⅰ，3)。左腿速向左重振。在此向前进行之程中，身体之姿势，时时变化，决非固定。上体和肩，与左右平面及水平面，均改变关系。即全体所成之弓形，亦由向后弓而变为向前弓(如第一百八十一图Ⅰ，1，2)，由左倾而变为右倾(如同图Ⅰ，3，4)，重心由下降而至上升，至为复杂，初学者往往不知其用意，任意跳动，效力全无。对于此种动作，须注意六点：1.其目的向前动多，向上动少。身体勿可跳起。交叉腾步，前跳太远等弊(如第一百八十五图2，3)，均应避免。2.此前进动作未终了之时，即须继续做下数动作，稍事停顿，则停顿以前之速度，全失效能。3.利用左腿前摆之惰性，以前

第一百八十二图

第一百八十三图

第一百八十四图

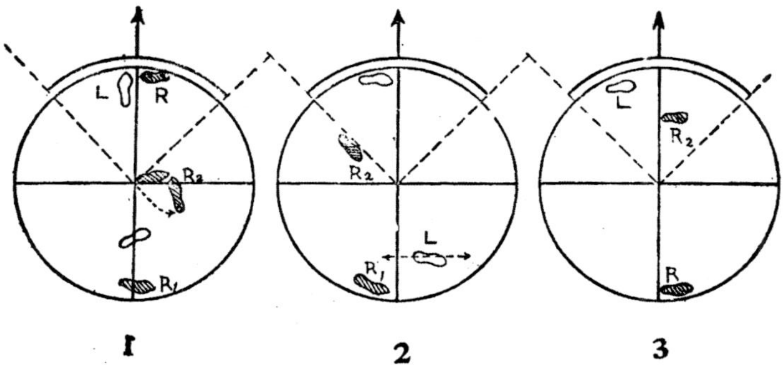

第一百八十五图

推铅球之前进步伐：1.合式之方法。2.摆动一腿所至之方向，极为不利，R_2 向左前方去太远，阻碍交叉跳之动作。3.R_2 落地太近圈前边，L_2 向侧边太远。

进身体。若专用右脚单足跳之力量而前进，则向前之速度必大减少。4.落地时宜在右脚上，重心在右脚以前，上体向右倾。然后继以左脚落地之动作。上体以向左绕半圆之动作前进。若两脚同时落地,则呈停顿之现象,前进之动作,全失效能。5.两脚着地之时,左膝微屈,右膝深屈,令重心载右脚上,准备跳起(如第一百八十六图)。6.因腕节过伸,前进之时,铅球受惰性作用,往往向后脱落,屈腕节诸肌,宜注意防止之。

第一百八十六图

【丙】推之动作

(一)下体与下肢之动作　身体向推之方向流动,至右脚离圈后缘约80粴时,右脚停止前进,以全跖着落于圆径(前后径)之稍右方。随即以右踵外转,至脚尖向左而止(如第一百八十五图1, R_2)。左脚尖左指,切近圆之前后径而落于前缘之内。左右脚相距90粴。此时两膝多屈,惟右膝向内转,膝不过脚尖。臀亦深屈,上体前倾。同时向右扭转成螺旋状。肩臂均向右移,肘向后张。在此部位,胸肌十分伸张,工作距离奇大。从此开始行推之动作,先以盆骨速向左扭转(此霎时间,上体受惰性之作用,向右扭转之度益多,球向前之速度可益大),加以膝髁髋三关节伸直之动作,则下体及下肢对于球之力量,完全用到。

(二)肩与臂之动作　肩臂常保向右扭转之部位,已如上述。其用意在使屈肩伸肘诸肌过分伸张,俾其工作距离增加。此时上臂及肩,宜作一平面上之圆运动,而其面与推出之方向一致。左肩之圆运动较小,因身体之转轴偏在左脚上也。左臂在推之行程中,肘节微屈,减短其惰性矩,使转体之动作,不致减慢。及面对推出方向之时,左臂向后重振,与推之动作平衡。伸右臂之方向,与推出之方向一致,成35°—45°之角。左脚尖向前,全脚着地。伸腿之时,右髁关节先左髁关节而伸直。球将脱手之时,左髁关节开始伸直。

臂推出之动作,不可太早,须俟转体将至面将对方之时开始。

头将转向推出之方向时,视线偏向左方,俾右肩得向推之方向前进(如第一百八十七图及第一百八十八图)。

第一百八十七图

第一百八十八图

（三）屈腕之动作　此种动作在推出将了之时行之。寻常不甚注意，实际上大有出入。但行之太早则球向下而高度不足。太迟则推太高而成绩益减少，二者均不适宜。脱手之时，球向后回转，保持 45°而前进。若球不旋转，则推出之方向必低，有损于成绩。

（四）推出后身体之姿势　头向左后仰，上体向前倾，左臂侧举，右臂前平举，左臂后平举，右脚单足立。此种部位，虽与成绩无关，然足以察出其用力之当否。若转体屈体及伸臂之动作得当，则受惰性之作用，非到此种部位不可。非然者，即身体力量未用到之证也。

（五）推球动作之重要械作用　身体之动作，一为转体，一为屈体，两者混合举行，寻常莫不明了。然此二动作混合举行之后，若上体仍在前后平面上运动，

第一百八十九图

则力学上之利益,未能利用。盖身体前进,两脚落地,上体前倾。预备推出。若从此部位,由右而前,由前而左,作一圆运动,则身体所经之路,为 ABC 半圆锥面积,而球走之路(如球永置肩前),必为 BA 弧。加右肘伸直,与身体成直角,则球走之路又必为 ED 弧(如一百九十一图)。且 ED 弧之半径,必为此半圆锥形底之半径 ab;与球至体轴间之距离 ba 之和。按圆运动之公式: $v=\omega r$。圆半径增加,角速度不变,线速度自然增加。此种圆运动之结果,在水平面上则如第一百九十二图。从实地上观察,则第一百九十图,可以证明。即推至终了之时,球不在体轴之前,而在体旁。可见球走弧线前进。学者宜注意。

第一百九十图

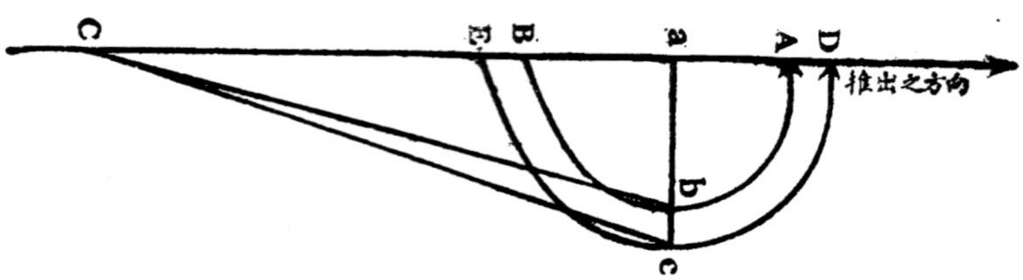

第一百九十一图

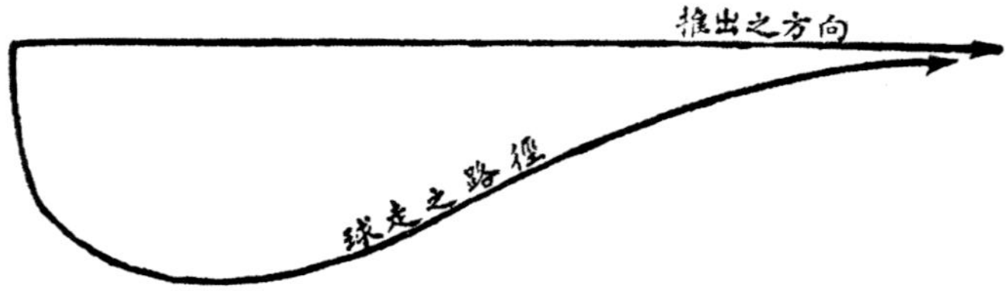

第一百九十二图

第一百九十三图

十九　篮球掷远

是项运动为新输入运动项目，作女子运动比赛节目，最为适宜。掷法普通有三种，如下：

【甲】单手掷法

（一）预备动作　立七呎直径圈之后方，以右手托球，肘微屈。若掷者为篮球，臂可完全伸直。上体向右微弯，右腿屈，左腿伸直，与铅球相仿，如第一百九十四图 a。

（二）掷出之动作　应用加速度之理，欲使球于掷出之前，带有若干速度，宜采用快速接踵步法，向前移动一步。然后继续行举臂转体之动作，将球掷出。臂所走之路径，若在前后平面上，则全身之肌肉能助其工作者，只有左方之腰肌，力量薄弱。且球出之角度难及45°。故球走之路径，宜为与地平面成45°之弧线，如第一百九十二图。同时利用转体之动作，使圆半径增大以增加球之速度。在球将脱手之时，加行屈腕之动作，加上若干速度。同时两脚前后交叉跳，至第一百九十四图 *c* 之部位。

第一百九十四图

【乙】双手过顶掷法　是项掷法，不能十分利用向前进之速度，故立之地点，不在圈后而在圈中。或以石灰线代圈，而立于线后二三尺之处预备。

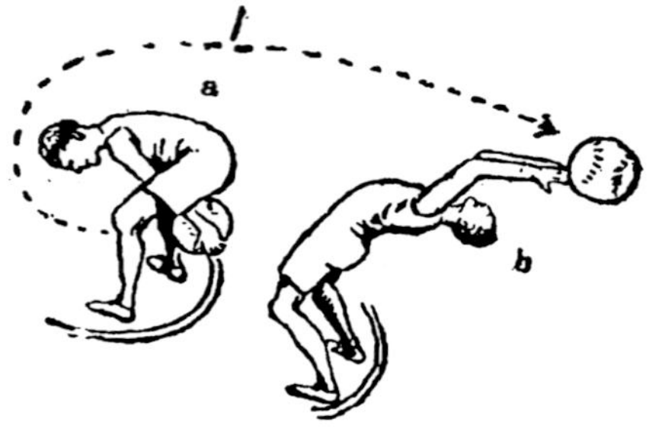

第一百九十五图

（一）预备动作　两腿开立，双手过顶举球，上体向前下弯，球向腿间摆动，上下三次，至第一百九十五图 *b* 之部位。此时宜注意者，肘关节宜微屈，小臂向后上斜伸，上体向后倾，膝屈，使工作距离增大。

（二）掷出之方向　此与成绩大有关系，按抛物线之公式，掷出以45°之角为最远。欲掷出时有如此之角，宜注视上前方，视线与地面成45°之角。

（三）掷出之动作　第一百九十五图为向后掷之图，但此种掷法，始于是图之 b，即 ab 皆为双手过顶掷法之预备动作也。掷之动作，始于伸髁关节，同时两臂做向前下降之动作，将球掷出。上体向前屈，与降臂及跳起之动作一致，庶符加速度之意味。

【丙】双手向后掷法

（一）预备动作　两脚开立圈之远边，背向掷出之方向。预备时，上体向前上向前下弯，球向腿间摆动，至第一百九十五图 a 之部位。

（二）掷出之动作　从 a 之部位，上体急向后上抬起，同时两臂向上后举，膝向前更屈，竭力挺胸，腕关节向后屈，以增加速度。

参考书籍

Ⅰ. Carhart：College Physics

Ⅱ. Duff：Physics

Ⅲ. Otto Peltzer：Das Trainingsbuch des Leichtathleten

Ⅳ. Mag，L；Lanf：Sprung and Wurf

Ⅴ. Albert B.Wegener：Track and Field Athletic

Ⅵ. Hjertberg：Theory and Practice of Athletics

Ⅶ. Hocke Die Athletischen Wurfübung

田 径 运 动

本书初版由勤奋书局于1932年9月发行，与德国田径运动名将步起（Herbert Böcher，1903—1983）合著。

步起曾于1929—1932年任教于东北大学田径队。

自　　序

吾国提体育，前后不过廿年，因师资之缺乏，往往延聘东西各国体育专家，充任教授，如北高师之舒美堪(Shoemaker)，南高东大之麦克乐(McCloy)，其表表者。此等专家，固学有专长，技有专攻，然因所涉太广，于田径运动，无特殊之研究，故亦无崭新之发明。惟东北大学运动指导员步起(Böcher)氏，则系德国中距离名家，田径各项，无所不学，东北大学体育科学生运动成绩之优，皆氏指导之功。主任郝更生先生羡其技术之精，方法之新，思有以广布而流传之，于是劝余与氏合作，编成是书，于推掷诸运动之方法，改革一新，于中长距离比赛之策略，颇觉详尽。余更引证力学原则，与运动学合同而化，故所用方法，均有科学之根据，与坊间各运动书籍不同。稿成于去年八月间，交与商务印书馆，迟延至半年之久，未得出版。不料于壬申岁初，淞沪变起该馆被毁，是编与余所订之运动学及初中体育教科书，同付一炬。幸此则副稿尚存，壬申夏得重行整理，集资印刷，公诸同好。尚望国内诸大家，匡所不逮，则欣幸尤甚。

目录

第一章　竞技运动之重要

对于竞技运动之重要一问题，初拟不谈，旋思此书为初学运动者而作，在书端不可不有竞技运动之价值及优点等诸节，俾学者明了运动之本义。夫吾人之所有物，最可宝者，莫如身体。终日操作，供吾人精神与体力之使用，其为用大矣。然则关于养育及生产力之保存，实为吾人应尽之责任。其正当方法，莫如从事运动。盖惟有此种活动，始能维持身体之健康。

人类在上古时代，巢居穴处，茹毛饮血，身体强健，一如禽兽。及文化渐进，由游牧而耕稼，生活遂为之一变。然犹终日在野外操作，劳动其筋骨，锻炼其体肤，与古代生活，所差尚不太远。及由耕稼生活变为工商生活，则强健身体之机会，剥夺尽净。今日之城市扩大，工厂之远离城市，寓处之僻居城外，工人每日赴厂，惟赖电车汽车以代步行，理势然也。然身体确无运动之机会，日积月累，易于退化。人类因受此种环境之压迫，所以不得不讲体育。

工厂中之工作，多用机器，少用人力。然现代机械之发明一日千里。向之用耒耜耕田者，今可用机犁。向之用人力戽水者，今得用机车。人坐机器之上，静观工作之进行。身体精神，形同机器，则易趋劳顿。盖体内废料，堆积于各组织间，无从排出。故也西谚有云，“静物易锈”，不可不引以自戒。故吾人须日事运动，俾废料排除，机能复新。依据生理，只有有规律的运动，能使从进有规律的新陈代谢。若新陈代谢失常，则觉身体十分不快，而疾病立至矣。或谓吾人之祖先，未有体育，而享长寿，过我后代者，何也。发此问题，对于体育似有怀疑之意。但不知当时之环境，实与现代大有不同。古时生活多在户外，有吸取新鲜空气之便利。即后来工业发达,自厂中工毕回家,有步行之活动,无乘电车火车而受恶空气之侵害。今人之运动既太少,又加以环境之恶劣,足使人类之身体日趋软弱。即政府努力造成卫生环境,用医学方法作身体之保障,以防止疾病之传布,但总无法使人身体强健而抵抗力增加。故政府建一大病院,不如建一大运动场也。

幼年生活不良,环境不佳,影响极恶,若于青年生长之期,与以良好之养育,适当之操练,则身体可臻强健,及至高年可享人生幸福。盖人之器官在生长而尚未成熟之时,易感酒精与尼可丁之刺激,故青年宜避烟酒。此外睡眠须充足,休息与运动相称。又身体内之各器官,每日须有必要之精力及必须之物质产生。在器官生长之时,须有补益之物质,造成强壮之器官,故营养方面,亦当加以注意,此外尚有极应注意者,即少年身体,尚未成熟,比较脆嫩,易受外感。操作过度,尤须审慎防范。按运动上之明训,凡烟酒及危险之消遣场所,少年尤宜回避。进一步言,宜讲究卫生。对于正当之身体训练,尤宜努力从事。青年时期,摄身不正,日后必致不治,最为可怜。少年多事运动,体格练强,至成熟之后,虽有过劳之处,亦少损伤。

健全之精神,寓于健全之身体,垂为明训,若一人身体之退步,生产能力因之未达充分程度,往往妒忌他人,或自觉悲观。如是岂非因身体而影响及精神耶,凡我少年,其亦有所警惕欤。

人之品格,在青年时期,若不导入正轨,及至长成,则无从改良矣。须知运动一事,真有令人趋正避邪之作用。昔日我本浪漫少年,但有一至友,常偕往运动场。受其感化,渐亦好事运动,至后每晚练习,凡不正当之消遣场所,均置脑后,不思重游。此时我之思想,根本改造,皆运动之所赐也。我个人然,他人亦何独不然。故人之从事正当运动者,往往能移情易性,益乐为善。谦谦君子,真能在运动场上养成也。至于烟酒赌色,以及其他种恶习,无需师长之督率,父母之防范,自能不犯。运动能养成良好之习惯,作他日生活之一部份。此乃运动之正谛。及习惯成,持身正,朋友信之。乡党敬之,与个人事业之发展,大有关系。即或经济发生困难,能用全力奋斗。不致引起灰心,故运动之于个人,实有无穷之福利焉。

吾国青年，往往因消遣无方，习惯不良，致遭堕落，败家丧身，比比皆是。在通商大埠，引诱之事，时有所闻。故为救济青年计，在此等繁华区域，尤宜提倡体育，俾有正当娱乐。一方为青年者，亦宜清醒脑经，趋利避害，分一部份之时间，锻炼身体，改良习惯。个人愈健全，则全民愈富庶。从事运动之人愈多，全民愈强盛。按德国工厂中之统计，能运动之工人，较常人平均可多做百分之十之工作。运动足以使人富裕，亦足以使国家经济扩充，因练习运动之人，生活新鲜，工作能力，较不事运动之工人为充足，因之工作之时间可稍延长而不倦。积数百万工人之额外工作时间，则一国之生产，自然大增。劳资两方。均得利益，全民受惠。不特此也，运动设备之制造，为近世别开生面之实业。有数国家，此等运动民众，与经济生活大有关系。虽然运动事业之发展，未可限量，而器械之制造，则工厂无多。故提倡运动，同时可使人民提倡运动制造。

此外尚有一点。亦为训练运动可以养成者也，即使各国之人民。可以有接近之机会，藉运动而联络民俗间之友谊。比赛之中，雍雍和睦，营国际生活。不论黑白，不问欧亚，相待以诚，一视同仁。推而广之，足以增国际之亲善，破种族之界限。故运动者，又为交际之工具。在世界运动会中，我参加数次国际比赛会从未见有争论之事发生。足见精神饱满，增民族间之好感。有人谓运动足以提倡社会主义，其实不然。一国提倡体育，只能使本国人民体格发达，精神发扬，与他国之影响极少。因各国人民，相集于一场，只有少数也，及得胜回国，则邻里乡党，莫不欢迎，新闻报端，莫不称颂。引起全国人注意，故参加世界运动会，能提倡一国国内之体育，与他国无关也。

第二章　跑

田径运动中最重要之操练，首当推跑。盖跑为各种竞技运动之基本，宜加特别训练。故田径运动之程序及训练之计划中，跑宜占重要之地位。训练合法，则肌肉有良好感觉，身体觉十分灵便。反之若训练不当，不但失却调和之格调，而跑之式样，亦完全不合。呼之曰劣式，亦无不可。

跑之方式，孰优孰劣，无一定之界限。一方合式之跑法，不能即谓之良法。因跑犹写字谈话，各人有其特别之格调。不论其式之如何，其两步之间，可有两种方式。一种跑法，外观自然，用力调和，即可称为良式。跑之格势，与其人肌肉之构造及性情之状态一致。人之性情，既不同，跑之式样亦自异。故勉强一般运动员跑一种方式者，实不合理。指导员只将正当之路径指示可矣。少年生长时，如学过运动，知正当运用肌肉及关节，则大多数之方式，均能合法，体内有一群之肌肉不发达，跑之方式即不入彀。一群未练习之运动员，与久练之运动员比赛，则气喘万分，全体疲乏，后者轻松自如，毫不困难。且完毕之后，态度照常，不觉过度。均是人也，同有天赋之两腿，以供其奔跑之使用，一则因少练习之故，不能尽其固有之能力，岂不惜哉。况跑为运动技术中之基本，不但发达肌肉，并发达心肺，不但发达腿上之肌，并发达全体之肌，故跑实为一种全身运动，习之极为有益。或谓体操亦能运动身体，亦能使身体舒畅，奚取乎跑。不知体操系呆板的，运动是自然的。运动愈自然，对于身体愈有益。所谓呼吸体操者，是以空气强装入肺内，不但无益，反觉有害。因血中饱和养气之量，有一定限制，无法多吸。因呼出炭酸气过多，致呼吸停止，头目昏晕，事实昭彰。

惟练跑之后，日积月累，气泡加强，数目亦增，跑能发达肺脏，固矣。虽然，跑时肺尚有能呼出肺中废料与病苗，使肺本身，扫除清洁。其消极方面之功能，亦堪注意。

跑之于心，关系最密。盖心为肌肉组成，惟合式之运动，足以维持其能力，而发达之。人在晏安之时，心虽照常工作。但专务课业，则能减退。一旦有极大之要求，心不能照常应付。于是不良之结果以起。故幼自学校学生，长至市廛商贾。平日均应有心之剧烈使用机会，培养其能力，应其不测之意外要求。然初学之时，谨慎从事，及心渐次顺应，能力充足。乃能作剧烈之运动。医生常称，运动员之心常扩大。此乃自然之倾向，非缺点也。竞技运动员之心，形大壁厚，因之容量宏大，力量充足。据检查之结果，善长跑者心体大，善短跑者心壁厚。据医学家称，不论何人，行同样操练，可得同样结果。盖跑可以练习内脏各器官，此为当然之事实，依吾人之经验亦如是。当作者在德国体育专门学校肄业时，训练之前中后三期中，每星期考查，并用X光摄影，知心肌起重大之变化，而力量亦增加。操练之时，心体增大。操练之后，心复原状，至于脉搏之数，在操练期中休息之时，较不操练期休止之时间为少。

当今机械生活时代，适当之操练，合法之竞技活动，莫不于人生有益。练习之，均可有良好效果。故运动之宜提倡，有原理上之根据。无数运动员，以成绩优良为惟一练运动之目的。往往费尽练习之功夫，目的不能达到者不少。夫成绩固属重要，足以提起兴趣，足以鼓励民众，使竞技运动增添资料，但不能专以达世界成绩为目的，个人成绩之进步与否，最应注意。当成绩上升，果达世界成绩，则此成绩乃其自己之成绩，与他人无关。若专注意世界成绩，反因不达而灰心，因达到而满足，不但无益。且有损害。故运动员，勿专谈世界成绩。

第一节 短　跑

中距离及长距离赛跑之中，力之分配，极为重要。在短距离似乎不甚重要，但亦须注意。据研究与测验之结果，一人所能保持之最快速度。不过十米左右。百米跑之内，在五十至六十米间。二百米之内，在七十与一百二十米之间。短距离可分为三段，第一段为起跑，为极重要之阶段。起跑不好，即微如一厘之损失亦不能挽救，盖短距离之胜负，竟有以一厘之差而判决者。起跑之合法与否，实与全局胜负有关。但起跑须轻缓，不可过用力量，因起跑时即用全力，精力耗去可惜，且反对肌肉引起收缩动肌（即直接主动之肌）反受其牵制，失去效力。起跑后之跑式不合，最易达疲劳之境。故起跑不良好，全局破坏，不堪收拾。盖短距离跑，刻刻紧张，无中途改调之余地。若中途觉步伐不顺，最可惜也。即途中尽全身之力，刻意奋斗，亦收效极微。起跑合式，大概可臻最高之速度，第二部之行程可以顺利。因起跑合式牵制，可免过二十或三十米之后，换用摆动式（拉拖式），觉一无困难。大概开头二十至三十米之间用踏步式，其与拉拖式之异点，参考体育改进社所出之体育季刊第一期踏步式与摆动式之力学根据一文。上述一百米跑，至快之速度，在五十米至六十米之间，二百米跑在七十米至一百二十米之间。其余之距离难于再保持此种最快之速度，故至终点之前，更用挺胸之动作，以增速度，而跑之姿势，可不受阻挠。所以然者，因胜负之决定，在胸部达线，非足跨过地上所划之终线也。每见彼短跑名家，终点多用胸挺出之动作，以决定胜负。在力学上颇有根据，参观《运动学》114 面可也。

短距离跑之刺激最甚，运动员常起增高其成绩之欲望，造成世界上最高之成绩。故短跑为最兴奋之项目。欲短距离跑好，首宜使起跑得法。已如上述，兹先将起跑之方法讨论之。

（甲）起跑　起跑系一种技术，须经精细之学习方能臻神速之地步。起跑之要点，第一为起跑穴之地位。第一穴离起跑线，约一掌或至两掌之宽。第二穴距离第一穴系膝跪下时一小腿之长掘。穴时先定前穴，将前脚之位置立定，于是将后膝下跪，膝面与前脚之跖齐。然后看脚先后之位置而掘第二穴。前腿系行弹跳之工作，名曰跳腿，须用最有力之一腿充之。故前腿与起跑最有关系。两穴在前后之位置，并非在一直线上，左右距离系一手掌半至两手掌之宽，因起跑之时，并不站立于两穴之中，若穴在前后一直线上，则重心失其平均，而起跑难合式矣。穴后壁勿直下，宜倾斜。盖直则腓骨肌肉收缩，发脚之时，腿肌须再由收缩而回至伸张之状态，然后身体冲出。此由缩而至伸之间，必枉费些许时间，故穴壁宜倾斜，使腓骨肌在伸张之状态中。如是则无所牵制，发脚自快矣。

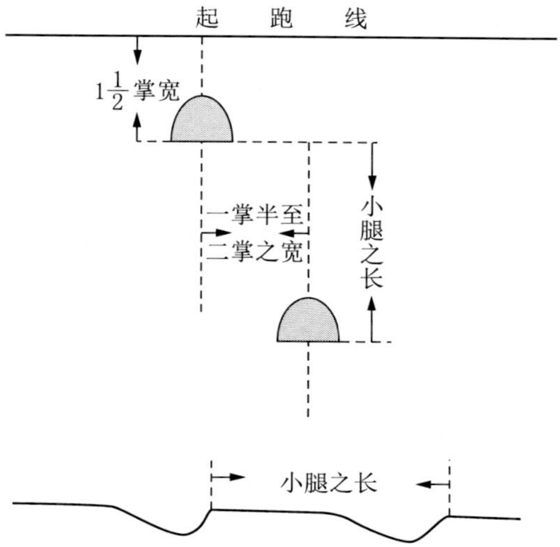

第一图　起跑穴之位置

第二图　起跑姿势

自右至左数起，第一人手太开，肘太屈，致头太低，眼不向前看，不合法。第二人手太开，故头亦太低。第三第四二人尚合法。

第三图　二百米起跑姿势

后腿之踝关节屈，与大小腿间之角近九十度，完全合法。

第四图　一百米起跑后两手离地之姿势

第五图　起跑姿势

此为德短跑新名手 Jonath 氏。前腿已离穴向前提,其膝关节仍保持深屈之姿势,故能使第一步短小。后腿之踝膝股三关节均伸直下肢与躯干成一直线,可证其下肢之力量完全用出。

起跑之时,踵宜向后下落,同时身体之重量,大部支持于两臂上。手撑之点,切起跑线后,大拇指与食指,与起跑线并行,其他诸指,均在其后。故全手向外指。手指支撑,愈高愈好,因身体可位置于较好之角度上。惟撑支须稳固,身体大部份之重量,须支持于其上。两手间之距离,宜较肩为宽。身体稳撑于两臂之间,可不受何等阻碍之摇动。在发预备令时,身体微抬起,头与背在一水平面上。不论何时,臀部不能高起,因易致倾倒,或下蹶也。同时头亦不能太高,因起跑之后身体易于挺直也。发脚之时,身体速离起跑穴。最重要者,全体放松,不可稍有呆板之病,以牵制身体。腓骨肌肉实行伸张,万不可紧缩,发生何等牵制,欲第一步有极快之速度,步伐宜较短。但其短小之程度,并非各人相同,宜以各人腿之长短而定。起跑为一种技术,人人能学习之。再三练习,方臻出神入化之境。何独跑为然。关于起跑之要点，神经与身体所在之部位为最，肌肉次之。由脑中认知枪声至脑中反应达肌肉中之时间，为百分之一秒。此极短之时间不甚重要，对于起跑速度，不能同时看出有何区别也。在脑中发令快速之人，其时间之相差甚少，更不甚紧要。吾人确信，各人脑经发令之速度，大概相等。起跑之时，只注意力集中，肌肉放松，身体在正当之部位可矣，脑经反应之灵敏问题，可不问也。故起跑之时，心不外驰，专向起跑。同时身体富有精力，受意志之管理。肌肉不能板滞，免生牵制。立起跑穴之中，一心听枪声之发出，余外杂声，概置不闻。及枪声已发。须如惊起之状，速离起跑之穴。起跑非简单活动肌肉，技术，脑经，均须善为运用，方有成效。又有进者，起跑之训练，为达最高速度之惟一良法。若起跑得法，则于短跑已大半成功矣。

第六图　起跑姿势

自头至后脚尖成一直线，表明后腿之力量完全用出。身体倾斜之角，在四十五度左右，完全合法。

起跑得法，由踏步式转至摆动式，并不困难，反觉自然。且在数秒之后，速度可达最高之点。起跑时步较短而有力，后渐渐加长，终则完全用摆动式。上体亦渐渐转动，所以使腿得在体下摆动而跨大步，不受何等牵制也。犹开汽车然，欲达最高之速度，非由第一步之速度开至第二步不可，非由第二步之速度开至第三步之速度不可。又犹机器然，其轴装以二十齿轮，由之拨动他轮。轴转之速度不变，欲他轮之速度加倍，则非在此轴上换一加倍大之齿轮(即轮之直径加倍，等大之齿须增至四十个)不可。赛跑亦然，小步之动作虽快，决不能达极快之速度，故须用大步以加速度。摆动式不但步大，且可省力，留作将达终点时加速之用。

(乙) 达终点之方法　达终点之前，为短跑第三段中之末段。第二段为三十米至六十米之间，须达最高之速度，已如上述，但末段亦须尽量加速而步伐加长。

所有力量，能用出者，须尽量用出。及跑过之后须觉十分疲倦，无力再跑，方称合式。——在达终点之前，近终线只有一米至一米又四分之一时，胸须竭力挺出，向终点投去。惟跑之姿势不可改变，则须注意。到终点之时，身体跳起，实是错误。(参观《运动学》一百十四面“甲”)即两臂高举，亦不合理。将达

第七图　百米终点之姿势

自左至右数第一人，两臂后伸挺胸太板。第三人身体力向左转，与步伐合拍甚自然。

第八图　二百米达终点姿势

两人均极自然。

第九图　一百米达终点姿势

自左至右数第三人宜多转上体。第四人极佳。

终点之前,欲知对手所在地位,向后回顾,枉费时间,更为可惜,竟有因此而减少一米之速度者,此种恶习,实宜戒除。至于胜负之数,往往决于最后数步,故将达终点之时,以胸挺出,触终点之线。单以脚过地上之终点线,规则上不认为达到终点也。在达终点之前,速度万不可减慢。盖竞争最烈之处,首推终点之前,稍一疏慢,即为对手冲过。欲免此种最后失利,须常想距终点尚有一米,绝对不能放松。达终点之方法,短跑固属重要,即中距离及长距离,亦须注意。

第十图　百米达终点之姿势

自左向右数第一与三均十分自然。第一人手照常摆动尤佳。

(丙)短距离之训练方法　寻常人选择运动,是否适合于其个人之身体,不得而知,故运动新手须俟半载或一年之后,再能决定。若后觉不甚合式,毫无关系,因短跑对于各项运动有益也。惟练习一种运动,见无进步,勿及早停止,勿改选他种运动。因经若干时间之后,成绩或将进步甚速也。尚有一点亦须明了者,即身体之事前培植,亦极重要。初学者一方宜从事身体之普通训练,增高体能,同时行少量之短跑运动,培养基本。最好在秋季即行普通之身体训练,至翌年夏季,则常练自己所好之项目,如短跑是也。在秋季练体操及球战,至春季则身体已有强壮之基础，可以专门一种运动，若开始即行专门之运动项目，事前不行身体之操练，则跑姿势往往难好。因跑之方式中全体各肌参加运动，肌肉未平均发展，全体姿势焉得合式。至于操练之动作，俟以后再讲。兹须先提者，为短距离跑之训练计划。惟读者须知此。非惟一之计划，而希各位运动员削足就履者。因各个人之间，尤其是有名运动员间，皆有自己之计划，此不过为一种模型，可照个人之便利微加改变，以合于其个人之习惯，各人积有经验之后，自能了解那一种计划有益于自己身体。但不论何时须认定所定计划为一种南针，有遵循之价值。因按吾之经验，可证明此种计划为合式之方法。

第十一图　百米跑在五十米时之情形

自右向左数第一及第五人，腾在空中，不合法。第二及第三人，身体颇放松，甚佳。第四及第六人较板。

短跑者之性质，须属急燥之气质，若缺此种气质，则其成绩决无良好之希望，此节之所以提气质问题者，因一般性质迟钝之运动员，对于短跑之据有最高速度绝不适宜也。

一运动员在冬季有充分之准备操练者，及春季气候和暖，可到外场行自由之操练时，则每星期行短跑三次，最好在星期二，三，四，三日因比赛常在星期六日两天也。每次练习之前，勿脱外衣，先行一圈慢跑，预备身体发暖。不论何种跑之项目,万不可于身体未温暖前行剧烈之奔跑,短跑尤须注意。彼跑而肌肉纤维裂断者,多由于未跑前身体未温暖所致加。也以未温之肌肉,运用不灵,缺乏力量,故温度与力量有关系,跑前奈何不使之升高。温暖之后,身上不被外衣,使热速散,亦属错误。因热不保存,直耗费精力,故身体已温暖而静止时,非着外衣不可。据作者之经验,每次跑之前,着外衣跑,不论长短距离,至身体出汗而止,于是用一或二绒毯裹身体,休息一刻钟,再行起跑,由身体温暖,而卸去外衣至起跑之时间,不过数秒钟,可不致受寒。

练习程序

第一日　身体温暖之后,短跑者即赴起跑线起跑。起跑穴先细心挖掘。起初三次起跑,即着运动衣,可保肌肉准无裂断之虞。起跑须缓和,能快最好。最后两次起跑,须十分注意速度。在训练起跑之时须专心。起跑之后,须跑五十米。学者须在此距离之中,学习踏步式换至摆步式之方法。每训练之日,起跑五至八次已足。练习起跑,为增加速度及力量之最好方法。最初数星期中,起跑之后,可练较长之距离,而得耐劳力。其次则以四分之三之力,跑一百米,用摆动式,则距离之感觉可不致失去,换言之。即跑时可觉得跑到全程之何部份也。此后可继续练习短距离替换赛跑,盖替换赛跑各人时有先后,常有令人急跑之机会,为练习耐劳而兼快速之最好项目。终则跑三百米跑,宜缓慢而少用力量。此实为一种调和之运动,为全时间之结束而已。步伐宜长,慢而有力。大概起初数星期训练注重耐劳力,最后数星期则多练短跑,少练长而努力之动作。

第二日　照常跑一圈,以暖身体,继以起跑,约五至八次。按作者个人之习惯,则开始三次起跑,外衣不脱,及身体渐暖,然后脱去外衣。起跑完毕之后,则续跑百米,但须注意轻松。在此时再行一圈慢跑。

第三日　起于一圈慢跑,完毕后行五至八次起跑,与上两日同。跑时虽须努力,而轻松之姿势与步伐之长度,不可改变。跑百米时,始用一半之力量,跑过五十米以后,则速度渐渐增加,因最后之五十米,亦须用最快之速度跑完也。但用力之时,步伐切不可缩短,反宜注意放长,万不可有跳之动作混杂于其中。跑过之后,再仿短距离之替换跑。终行一圈慢跑。以上所述,为短距离跑之训练方法。有时个人亦能变换一点。譬如有职业之人，不可行十分用力训练，因其大部之精力已用之于其职业之上，而其身体极合于运动之环境，可省去一天之练习工作。或三天皆到场，缩短其每日之程序，亦无不可。练习之时，宜须注意运动，适当操练过分，足以使身体过劳，成绩反致退步。因一人之体力有限，所做之工作亦宜有定量。练习过分，非特无益，且有损害。在训练之时，身体所下警告，务须注意。若觉不爽，训练之日可减缩一天或两天，以免过度。

第二节　四百米跑

四百米跑，归入何种距离，鲜有能列之确当者。有主张归入短距离，有主张归入中距离，据作者之意见，二者皆未确当，盖此项运动，实为一种特殊之径赛项目，因造成四百米卓越之成绩者，短跑家与中程跑家均有也。此外尚有短距离与中距离之成绩均平常，而四百米之成绩特殊出色者。故四百米当作为特殊之项目，而具特殊之方法以训练之。

训练之前，须先知训练之目标。欲定目标，须看其本身近于短跑家抑近于中距离跑家。若对于短跑近情，最好用短跑之计划练习。四百米跑之最难点，在娴熟跑最后五十之方法。短跑者往往到三百米之后，即觉疲劳，至最后五十米，则觉精疲力尽，不堪再跑，此为跑四百米常见之事。对于此点，即为四百米跑训练之着眼，当有计划，以胜过之。

一运动员合于短跑者，跑四百米时，须注意忍耐最后五十至八十米之速度不可减慢，最好保持原速度进行。欲养成此种能力，亦甚简单，只须将耐劳力增加可矣。开始之时，将短跑训练程序中所跑之三百米改为六百米即成。惟跑六百米时，非以全力跑，最大之速度，为原速度之四分之三，否则其轻快之姿势失矣。训练之第二日，须有重要之操练。先用全力跑二百五十米，继休息，五分钟，再继以同样之速度跑二百五十米。合计五百米。此种练习十分重要，因速度不但保持，并须增加。且所跑距离较长，耐久之力量，亦能自然增加也。余外之训练，与寻常短跑同。

四百米跑家与中短两距离跑家之关系，前节已讨论详尽。至于四百米跑家之资格，亦宜说明。四百米跑家宜倾向短跑家，除器官须与短跑家有同样之功能外，须兼有暂时坚持之能力，此其别也。反之四百米跑家，有中距离跑家之天才与姿势者，快速之能力，又宜有杰出之程度。故此种人才（与中距离跑家相近者），欲培成四百米跑家，须兼有短距离跑家之速度。另一种训练之方法。俾有中距离跑家之耐劳力，与短距离跑家之速度，故每星期之间行一两次短距离之训练，常跑一百及二百米。大抵四百米之训练方法，由短距离与中距离之方法混合而成，读者易于体会。

四百米赛跑，运动界中，莫不视为最难之项目，跑者常觉愉快，观者亦感有兴趣。依最新规则，四百米划分小道，跑外圈者在前，内圈者居后，各人所走之距离完全相等。依旧规则不分小道跑时，各跑员在一平线上出发，孰在内圈，孰在外圈，须得各人之承诺，惟外圈之人，不能伤害在内圈者之前进耳。此种群众一齐出发之方法，外观较好，观众较有兴味。就此一端，则四百米一项。不如中距离之动神也。

第三节　中　距　离

据运动原理，中距离为最好之项目。其要求之精神饶多，其造成之姿势自然。精神不充足，姿势呆板者，难得圆满之结果。至于跑八百米或一千五百米，不问其快慢之比例如何，只从旁观者观察，须觉动作优美，摆动自然。

跑之速度，不可太慢，八百米之速度如为两分，则每百米之平均速度为十五秒钟，在世界运动大会中，许多好手，相遇一场，因竞争剧烈之故，其所跑之成绩，常少于两分。因欲全体之速度升高，必须将每百米之平均速度升高，此为显然之事实。此外中距离中，有特殊的兴趣，即每人所跑之路径，非如短距离之分道，因之孰前孰后，常可更换。其先后名次，在最后二十至三十米中判定。八百米为一分五十六秒则每百米平均速度为十四秒半。第一须有每百米跑十二秒之速度，第二须具急冲之能力。第三起跑之后须得极好之地位，无论何时，速度为最重要之条件，中距离跑，须常觉自己有快跑之习惯，跑一百米，愈觉轻快，

第十二图　八百米跑之姿势

领头者为步起氏，其姿势中之最可注意点，即右膝屈至十分之程度，脚跟几接臀部，此由于腿前之肌肉完全放松所致，所以使右腿速向前摆动也。第二为 Engelhardt 氏亦系名手。

第十三图　中距离跑之姿势

图中诸人，跑之式样完全相同。惟每人所到之部位，各不相同，可见其各部位之合法姿势。第三及第四人均以脚跟着地而跑，但以脚之外边落地，图中极明显。

(跑十一秒三或十一秒五)则八百米中每百米之平均速度,愈能与十四秒半相近,则起跑时之极好之地位,及在终了之一百五十至二百米内之急冲,均能极有把握。当不能追随人之速度时,欲快跑八百米及一千五百米,则可赖以制胜者,惟有耐劳力。若跑完之后尚觉犹有余力,可再跑一圈,则此余力须在最后一圈中用尽,使速度加大。盖得优胜地位之人,决非不觉疲劳之人,此为必然之事实,无需发生疑问,故在全程之中,能将全力用出,亦为制胜之重要条件。中距离跑员速度之外,同时须有极好之耐劳力。若只有速度而无耐劳力。即能成为名手,则凡短跑员亦皆能跑中距离矣。故中距离跑员,既须有极高之速度,又须能维持最长之时间,方能有良好之成绩。论及此点,训练之须注重速度与耐劳二事,彰彰明矣,彼专注意于一端者,不得谓之合宜之训练。余常谓中距离跑及中距离训练,为最难之事件,非无理由。多数运动员均不明此理,非专练速度,即专练耐劳力。不免顾此失彼。须知正当之训练乃二者须兼顾也。此外细心沉着,为必要之态度,审察情势,以便应付环境亦为其应有之手段也。机会一到,即刻利用。盖遇两雄相竞,不分胜负之时,惟有善用策略者可以取胜。虽然一人欲用策略须有一部份实力作后盾,方可调度而利用。若无追随他人之能力,冲过他人之速率,则所谓策略者,根本无用。论者常称跑之名手,其占利最多,其言洵然,但须自知既为该项名手,应不受对手之影响而中其诱计,或快或慢,悉随主观之判定,无需用何等之策略。若一项之中,有多数健将,而能力相仿时,则情形不同,孰胜孰败,由策略之善用与否而定,在此情形之中,只有两种人可以得胜,其一,在大部行程之中,能节省力量,在终点之前,能行最后之急冲者,其二,跑过大部行程之后,冲出极远,对手不能追及者。每次跑时可以抢先,但起跑之后,即行抢先,未必有利,最好身厕行中,时察领头者之行动,遇有机会,赶速靠近,勿失时机。领头跑时,需力较多在后追随,用力较少。距终点尚有二百五十米时,须与领头之人十分靠近,最后一冲,可以冲过,尽力维持,及终而止。此最后之急冲,愈快愈好,因及对手发觉,则已突前数米,设法还追,为时已晚也。运动员熟知其对手之技能,可以从其弱点攻击,鲜有不得胜者。吾人认知策略对于胜负,极有关系,故比赛之时,头脑宜极清楚,万不可自己向前冲出,为他人利用,长距离跑中,策略亦属重要,不再赘述。

第十四图　一千跑之姿势

图中为法人 Ladoumegue 氏在 1931 年在柏林 Charlottenburg 国际比赛会跑，氏得胜。德人配尔采氏居第二位。姿势之正确，动作之自然，图中可以表出。

第十五图　中距离跑之姿势

比为 Engelhardt 氏跑 1 500 米之姿势。氏跑时之体角，比步起氏及配尔采氏为小。图中所堪注意者，为后腿伸直与躯干成一直线，踝膝股三关节完全伸直，力量完全用出。前膝举起甚高大腿水平而膝关节仍在屈之部位向前摆动，所以省时间也。此姿势可接第八图氏之姿势之后。

第十六图 中距离跑之姿势

此图之姿势继上图之后，其堪注意者，前小腿之向前摆动，脚至体前踏地，臀之转动及臂之摆动，均极合法。步之长大，达十分程度。

第十七图 中距离跑之姿势

此图之姿势，继上图之后，脚踏地之后，全跖静踏地上。身体放松，后小腿前之肌肉，十分放松，故后脚跟终得与臀接近。

第十八图　中距离跑摆动式

前三人在同一姿势中，足见其训练一也。第二为步起氏臂与肩之转动极好，自脚至头顶，成一直线，姿势极好。

第十九图　一千五百米跑末一圈

领头者为步起氏。氏得最后胜利。其上体之转动自然，图中甚明显。第二人式样亦好。

第四节　长 距 离 跑

竞技运动中之最自然者，莫如长距离跑。在新式交通方法(即轮船火车汽车等)未发明以前辽远之路程，全赖两腿之能力以达到之，于是身体得无形之操练。又如林中田猎，驰骋于森林之间，角逐于禽兽之后，或用石掷之，或以枪击之，非藉两腿之力，无从达其目的。今之社会组织，完全改变，欲人类之各器官能适应长距离之奔跑，宜有一种和平训练，使全体各器官有整个之活动能力，同时行他种运动，作准备之操练(最好之预备运动，已于前章道及)。长距离之价值，并不低于他项运动，一人有长跑之能力，跑一定之项目，时间可以缩短。练习之时，第一须明了其操练之价值，第二须有长跑之能力，第三须能达相当之速度，于是跑之理想式样，可以渐渐达到。至于速度及耐劳力，更为各长跑员所应

第二十图　长距离跑之姿势

此为长距离跑之模式，身体放松，脚接地上摆动，身体之重量载前跖上。跑者为世界名手 Nurmi 氏。

具有。二者合并而言,中距离实已达到某种程度,但尚未完全耳。故长跑者欲达此目的,惟有明了此种意义。加以坚苦学习耳。

长跑系一种技能,可由学习而成,但进步不能如短跑之快,一跃而到某程度。须练习多年(四五年),方能成功。

天气与运动员之产生有莫大之关系。大概在气候温暖之处,多产短跑名手。寒冷之地,多产长跑名手。

身体之比例与长跑亦有关系。尤以体重一项,须与各种器官,有极好之比例。大概体重大者,身体对于器官(如心肺等)之要求大。体轻者,要求小。一人身体肥胖,脂肪较多。即体内无用之物质太多。体重与身体之比例不称,于长跑最不相宜。故长跑之体格宜轻,心肺宜强。身体之结构富弹力者,较无弹力者为优,所谓细长之肌肉,乃最合于长跑者也。一大块之肌肉,需许多养气之供给。于是心肺之要求过甚,不免有供不应求之弊。况长跑之中,要求心肺之时间益长。若肌肉太大,则要求过甚。心肺无以应求,即受损害。故长跑之体格,以轻而瘦长为最适宜。

人之品性,对于长跑亦关重要。一种奋斗忍耐之精神,万不可少,因其训练须坚忍,而在训练之时候,亦须一大部份之忍耐力也。否则鲜不为退缩之心束缚者。此外一种果毅之精神,亦不可少。因在跑时,时有难关遇到,意志软弱者。往往为之征服,遂致放松。此时应咬牙切齿,努力奋斗。方能制胜。

长跑之技术,至关重要,故不嫌烦冗,再述数语。短跑员可以比其同伴中之习长跑者多用力量。因其距离短,而有多用力之需要也。长跑则宜保存力量。预备最后之奋斗。万不可任意乱用。长跑之式样非千篇一律,各人皆有其自己之式样。兹所举者,为一大概之模范式耳。全身须自由活动,不受何等拘束,上体姿势近垂直。身体依上下轴而旋转。臂自由曲成角度。手松握拳。腿摆动轻松。脚快向前踏出。先将跖部触地。然后踵落地。终则全脚下地。故腓部肌肉在相当长之时间,在静止状态中,藉以休息。脚下地时所以先跖部下地,而不以踵部先下地者,因欲阻止身体重量直接下降,身体不致受震动。而易感疲倦者也。

第二十一图　长距离跑之姿势

前者为 Nurmi 氏，身体极放松，身体前倾之度，不若中距离之多，前大腿亦不高举至水平之部位，能省力也。左腿前摆时，膝关节深屈，所以省时间也。

呼吸之方法，主张不一致，有主张以鼻呼气，以防不卫生之弊者。作者以为不然，因专以鼻呼吸，养气之供给不足，而炭气之袪除亦太慢。于是疲乏立至。因跑时发生乳酸，足以使吾人疲乏。惟有气足以使之变为炭酸气而出。呼吸用鼻与口同行，有何弊害，迄今尚未证明。且运动常在新鲜之空气中举行，呼吸新鲜之空气，盖亦无何弊害，故作者主张以口鼻同时呼吸。在起跑之后，呼吸开始，不可屏气，每三四步之后，呼吸一次。

至于策略则与长跑之关系亦甚密切。亦当简短说明。起跑之后，勿即向前冲出。为领头之人。最好在中间静跑。及肌肉已温暖。呼吸已整齐。于是渐向领头之人靠近。开头之力量愈省，则后来之冲出愈有把握。

长距离跑之范围特广。长距离之较短者及距离之较长者，吾人须更分别之。前者包含从三千米到一万米内之项目。后者由一万五千米起到所谓马剌纯(Marothon Race)跑(四二、二启罗米突)[1]而止。其中包含许多之长距离项目。此等长距离之项目,可在跑道上跑,亦可在陆地上跑。如越野赛跑是也。钟点跑(Stundenlaufen)如(跑一点钟)亦有在煤灰跑道上举行者。

长距离所包含之项目既多。所用之训练程序自然不同。吾人得分长距离为短长距离(由三千米至一万米),及长长距离跑(由一万五千米以上至四二、二启罗米突止,同时包含越野赛跑,及钟点赛跑)两种。于是训练之程序,亦可分短长距离(三千米至一万米),及长长距离(一万五千米至四二、二启罗米突止。)二者分述于下节。

习短长距离跑者。须有极好之生活操行,不能吸烟,不能饮酒。多滋养多睡眠。否则训练无效。

第二十二图　Petri 氏万米之姿势

在训练及比赛之时,所有保存之力量均用到。可无疑问。故一年之中,跑长距离者,须有三至四月之休息时期。

大概由十至一月底之时期中,可用室内运动以活动其身体。在一月中可往

① “马剌纯”即马拉松,“四二、二启罗米突”即 42.2 千米,“启罗米突”为 kilometre 的音译。

林中练跑，一星期两次。兹举林中跑之计划于下：在一星期之初跑四粁，在星期之终则跑二至五粁。在一月之后，则每星期跑三次。在星期之初，跑二至三粁，星期之中及星期之终同。至于跑之式样，可以随意，因在陆地上跑法，与在跑道上跑法不同也。至热天则变换，开始在煤灰道上练习，天气虽暖，须着外衣。此后继练起跑及短跑，亦宜十分用心。在春季之初，有时致肌肉破裂者。一因肌肉尚未受训练，未配作是种快的动作，二因气候尚未至十分和暖之程度，肌肉不易发暖也。在跑道上练习之时，须细心注意其技术，所谓跑之式样是也。有许多长跑者，以为起跑一端，长跑者可以不必练习。此实错误。因长跑者亦有需快跑之时，在最后五十米至一百米之间，能行快跑之冲刺者，往往得最后之胜利。起跑之练习，为两腿练快速运动之最好方法。练跑之时，不可盲跑。须注意其自己之姿势而改善之。有时须变更其速度，以防对手之冲过自己之前方。此外更须节制其各圈所跑之时间，学习速度之估量，养成速度之感觉。

作者拟举一星期之程序，以示学者。但此种程序，非一成而不变，学者可视其赋闲之时间，及其工作之时间而定。兹所举者不过为训练计划之大义，示以大概式样之模范而已。一人若在每星期日继有比赛，则训练之程序可以缩短。在此节之中，不采一种猛烈之训练，因各人体格之健强程度不同也。此种计划，可作正常之训练。可供体格正常者之采择。

I. 第一日(若能在星期二最好)

一圈慢跑(约四百米)以暖全体，各部肌肉。然后作几次起跑(五至七次、每次三十五米至五十米)。继停片刻，因速度之感觉可以较清楚也。此后方继以长距离之跑。大约跑一万二千至一万五千米。跑时万不可不加思索，须时注意式样及速度，已如述。最好有一同伴从旁观察时间，每圈报告，使跑者知其所跑之速度。于是则一日之训练告终。跑完之后，最好行磨擦助去疲劳，易于恢复。有时(关于磨擦之价值详举于后)比赛不能跑一万米，平时不必跑一万二千米至一万五千米。跑七千米至一万米可矣。其程序与前相仿。

第二日

同第一天之先跑一圈，上身之衣服勿脱去。继以数次起跑，跑三十至五十米。后继以四百米跑，用四分之三之力量，须注意步伐之长大。过五分钟之后，则跑四百米，再休息七分钟，再跑一次四百米。此三次之中，须注意跑同样之速度，尤须注意第三次勿误时间。此练习中，每次之速度变换，以能追随为贵。此时若尚觉精力充足，本日当行二百米之升速跑，即起初缓跑，渐渐加速，至最后五十米，则出其全力，以短跑之速度跑完。

第三日

起初跑数圈，至身体发暖而止，续以五次起跑，冲至五十至六十米为止，在可能之时，与短跑之程度相等之人，或较快之人，同跑一百米，此后继跑二百米升速跑。最后用四分之三之力量跑一万二千至一万五千米。若精力尚好，可再继以慢跑数圈。

第四日

先跑一圈以暖身体，继行起跑五次。可能时与速度较快之人或相仿之人，跑一百或二百米。此后微停片刻，用长大之摆动式跑三百米，但勿行达终点时快冲之跑法，用四分之三之力量，保持相等之速度跑完。最后休息十分钟行二至三圈慢跑。

第五日

先行起跑取任何速度均可。继行慢跑三圈专练下肢柔软轻快之动作。照以上之训练秩序，可知长距离之训练，极为繁重，与中距离之训练，可合称田径运动中最剧烈者矣。故惟体格素强者能习之。

谈到长跑，除身体训练之外，第一须有精神训练，因跑时费力甚多，常达疲乏之境，往往有弃而不练之倾向。所谓坚持到底之功夫，跑者往往不能做到。若一次弃而不练，则以后费尽心力，方能再行坚持，每有从此废弃，不再练习者，故开始练长跑之人，须三复“永不废弃”一语。比赛时亦然，若因队中有一名手即中途弃权，则不啻将可靠之胜利让与他人，倘所畏避之名手，在百米后亦离跑停止，则更觉懊恼。故不论为训练为比赛，永不可中途废弃，致失去自信之力。

长距离跑力量易竭，身心俱倦，非短距离跑可比，实际上比长距离为简单，因其不能常练习也。且不能如长距离之以常常练习，为惟一之准备方法，故长跑之训练完全与短距离长距离不同。即在冬季休息之期，身体不能完全休息，每星期须行远足。在一年之初，即须行长跑，林中跑，休息之期，不能如短跑及中距离跑之长。开始之确期不能一定。迟早之日期，全视比赛之日期而定。普通在比赛之二三月之前，训练开始。兹将二星期为单位之普通用之训练程序，列举于下：

第一星期

第一天　十五至二十五粁跑，勿太快。同时须注意自己在训练之中，勿将所有之力量用出。

第二天　走五至六粁。

第三天　慢跑一圈以暖身体，继行起跑，冲三十至四十米。再继以升速度跑三百米(即起初慢，后渐快)，最后五十米则取短距离之速度。此后休息一刻钟，再用摆动式跑一千五百米，步伐宜长而轻快，跑后勿致全体困倦。

第二星期

第一天　五至八粁跑，勿盲跑，须注意其速度与式样。

第二天　与第一星期同样走五六粁。

第三天　跑一圈以暖身体，继行起跑数次，续冲三十至四十米。继跑四百米，用四分之三之力量跑。停五分钟之后再跑四百米一次。再休息七分钟再继跑四百米。速度与第一次同。若此时精神尚觉爽健，再休息若干分钟后，再行慢跑一二圈。

长跑之营养问题，极为重要，人们勿以为营养为生活上随意问题，须知长距离跑与长跑，食物最为重要。

跑鞋之式样，不可随意采取。因跑时脚作极大之工作，须加相当注意。跑鞋须够宽，着在脚上觉甚舒服，脚之任何部份，不能与鞋内任何部份磨擦。最好跑鞋以皮制成。第一种好处，在着在脚上舒贴。第二种好处，在偶遇石子及不平之地，脚底上之感觉不若橡皮底鞋之甚。帆布鞋，可以通气，但不如皮制者之坚固。故最好之法，在鞋围之上，钻有多孔，于是鞋内之空气，可以如帆布鞋之流通。此外脚擦以爽身粉，可以吸收汗液，长跑家常用之，长跑亦可有极薄之鞋根，但非一定需要者。

此外田径运动不可玩忽者，即带提举绷带（英 Supporter 德 Suspensonium 是也。以长跑为尤要，是物所以支持生殖器，并免擦伤也。当生殖器固定支持时，运动觉极舒服易于感到）。

一人欲运动获胜，训练之外，尚有许多零星事件，亦堪注意。例如运动衣裤之穿着，鞋带之牢缚。事件虽小，亦在不得不注意之列。例如鞋带松去，百米尚可，中距离及长跑则非中止不可。与全局之成败有关，不可不注意也。

第五节　替换赛跑

替换赛跑，为田径赛中养成合作精神之项目，亦即需要合作精神之一种项目也。此项之优胜，非靠一人之力，乃靠替换者全体队员之能力也。若在一局之中不能与他同伴连络，不能尽其能力，即无替换赛跑跑员之资格。在单人之

第二十三图　替换赛跑

此图为四百米替换赛跑接棍之姿势。接棍者之手向后伸，用力向前跑，头决不向后转看棍。授棍者执棍之手，未到近接棍者之前，依然摆动。观由内向外数第三路之授棍者左手之部位可知。同时接棍之人向前直跑，毫不后顾。

项目，倘其对手均不高明，名家可不出全力而获胜。但在此项目之中，则无此种可能。因各人不能知他人之能力如何，只有尽其能力，超出他人，方能得胜。即有时次一人能力稍逊，亦可不致落人之后。当一队之中，三人能力平平，中有一名家参加其间，则此人须加倍出力，为全队挽回危局。西方格言有曰完体为个人，个人为全体，实可应用于替换赛跑。

在替换跑之环境，呈特别现象，亦堪注意，即该项目富兴奋性，观众易起鼓励。于是每队能力之分配，颇有斟酌之处，一队最好之队员，有时放在开头，有时放在尾末，故全节经过之中，变化不测，观众之鼓舞，易于引起，而跑者之速度，亦为之超过其寻常之能量。

国际间之替换赛跑项目，为 4×100 米，4×200 米，4×400 米，4×800 米，及 4×1 500 米，在欧林毕克（Olympischen）程序中则有以下各项，4×100 米，及 4×400 米，下一次欧林毕克程序中添有 4×1 500 米，尚待通过。

跑之本身训练，各人可以单程练习，此处不必赘述。虽然对于接棍之动作，则颇形为难，即有经验之老手，有时亦不免失败。接棍在二十米之区内行之。该区之十米在实际项目尺寸（例如一百米四百米是也）之前，十米在后。在此区之内，人与人之接棍动作，须完全完毕。如在两替换界线之外，则取消资格，在短距离替换跑，接棍之须快速而无丝毫迟延，至为重要。无他，得胜与败绩，惟此接棍是视也。据吾人之经验，替换赛跑之成功，不在跑之快，而在接棍之迅速，运动员之替换好手，不专在跑之快，而偏在接棍之得法。故理想上最好之替换赛跑运动员，须快跑与快接快传之能力兼备。

接棍之方法。接棍者立第一条替换线上，即 4×100 米替换中之九十米线上也。在此处等候出发，待同队队员之跑来，此人须注意脚勿过线，偏立道之左边，因跑来之人，以左手执棍，将棍交接棍者之右手，接棍者偏立左道之左边，所以使接棍之空间增大也。接棍者预备时，用右脚接近接棍区之线，以左脚向前跨一小步，两脚须平行，膝微屈，上体微向前倾，眼从右肩后注视跑来之人。右臂微后伸，手张开，以待棍之传来，当传棍者（跑来之队员）到某点，（此点距预备出发之点有若干米，详述于下）于是视线转向前方，用全力向前冲跑。传棍之

第二十四图　替换赛跑接棍姿势

第二十五图　替换赛跑接棍姿势

人，须注意以棍传与出发之队员之手中。出发之队员至跑来之人达到某点(已注于上)，则视线向前。因视线向后而跑，则身体不在跑之正当部位，跑之速度，不能达至大之境。同时其右臂后伸，勿十分直伸，只便于传棍可矣。其余肢体之动作，一如寻常，及棍握到之后，则执棍之手须紧握。否则时有坠落之虞，致全功尽弃，为绝大之损失。上述之某点，即接棍者在其站立之后所认定之点，而跑来之队员(传棍者)达到此点，已即出发。该点十分重要，其距预备出发点之距离，各人不同，乃由平日训练及细心测量而来。各跑员之次序须确定，而各人之认定之某点，亦须一定。第二个替跑员须有正当之出发(如上所述)某点之测定，可用下列方法：先在替换区域之第一界线之后五六米之处，作一记号。第一跑员用力由后方跑来，至达该记号，则第二替跑员即出发。若第一替跑员跑太快，或且冲过之，则表明第二替跑员所定之记号太近。故此出发记号可设于七米之处。若增远之后，第一跑员不能在十米之内赶到，则七米之起跑点须再移近，总之务使该点之距离，适合两人之速度为度。该点之最适当距离求得之后，常牢记于心，跑时常用之。第二替跑员与第三替跑员，第三替跑员与第四替换员，均用同一方法求其某点。求得之后，须每星期练习，到正式比赛时，可免失败。接替之活动，在最初十米举行至二十米边线之内完毕，因传棍员尚有够快之速度也。此接棍之动作，万不可过接棍区域之第二边线举行，犯之则前功尽弃，平日须注意训练。

4×200 米替换跑时，接棍员之起跑点，当然不同，因终了时之速度，一百米与二百米不同也。他项替换跑，则起跑点更不同，因疲乏之程度不同，人们在起跑之时察出之，然后定相当之距离。在长距离替换赛跑之接棍中，万不可起跑太早，或太快，因来者已将大部之力量用尽，不能再加速度，故接棍者须慢跑，照其来之速度接棍。接棍者觉棍已到手中，则可以其正当之速度而跑，长距离替换跑接棍时，须注意当时各种情形，有时传棍之人，跑至十分困乏之境，甚至不能管理其自己之肢体，不能行授棍予接棍者之动作。在此种情形之下，则须各方看清注意好好接棍。

第六节 跳 栏

跳栏起于原野间之障阻赛跑。惟后者之距离无定,而前者一定耳。栏之尺寸,在国际早已确定(短距离之栏高一〇六糎,长距离高七六糎)。栏之高度及距离既确定,于是运动员在一定环境之下,欲其成绩良好,须有一定之技术,学习到家。跳栏为田径运动项目中,最难而最易得疲劳之项目。惟人体之过栏,有如鸟飞之姿势,十分美观,瘦长之人,尤为动神。

运动员有高大之身体,学跳栏最为便利,以短距离(高栏)为尤甚。运动员有极长之腿,松缓之股关节(即大腿关节),极快之速度。则跳栏易于成功。体格一要素之外,莫如速度。短距离之跳栏,犹短距离跑。无速度之不能跳栏,犹无速度之不能跑短距离也。及速度既得,次宜行适宜之体操,使下肢之活动范围广大,身体之——上升过栏时,可毫不困难,同时亦可用栏练习,以资应用。学高栏者,须能跑百米,须有十一至十一秒三之速度。尤其对于二百米,须有极好之成绩。因跳栏比平跑为剧烈,须有一部份长力,才能坚持到底也。身体轻快及关节松弛之程度,须令身体活动毫无牵制。一腿高举,膝触胸膛,毫无困难。同时外腿之关节亦宜松缓,当屈膝侧举之时,须能达水平之部位。总之初学跳栏之时,身体须预先准备,俾适合该项运动。将真栏练习之时,须熟知正当之起跑法与跑之方法。先用一栏,注意置于平正清洁之所,试跳多次。注意前跑时之脚迹,善支配之。据作者之经验向栏跑一〇至一五米,速度勿快。在栏前末一步,高举摆动之一腿(与蹬地之腿相反),前屈身体,至胸能触胸之程度。蹬地之腿在跳起之后,向前侧举,大腿与栏顶平行,至水平面上活动。上身则保持向前倾斜之姿势,同时摆动之一腿,以最快之速度,在栏前踏地。如是则摆动一腿之脚,可正在身体之下触地,不至向前踏出太远也。此步如能合法,则身体能向前倾。若上体挺直,而摆动之腿向前远伸,则该腿变为挺硬之柱,撑支身体,阻挡前进之动作。而跑之速度为之减少矣(参观《运动学》一百二十三面第一百十四图行三与四之比较)。故摆动一腿之脚,务使在身体之下踏地,于是身

第二十六图　高栏向栏上前进之姿势

此人为高栏名手 Trossbach 其跳栏前之一步时，两臂向前平举，所以使身体易于向栏上前进也。其前腿上举时，先举大腿继伸小腿，所以使举腿快也。

第二十七图　高栏上栏姿势

右脚已离地，左腿伸直大腿触胸。上体向前倾斜，所以使保持身体重心勿上伸也。

体得向前倾，而活动再能速速向前再进。及前脚（摆动之腿）已下地，则后腿（蹬地之腿）即迅速向前进，同时两臂亦协力活动，以利前进（关于两臂之活动另详于后）。从过栏一步〔在栏上亦是一步，名之曰过栏步，（Hurdenschritt）〕直到前跑第一步间之经过，其姿势十分重要。其间万不可有停滞之现象；若此一步失败，则最好之纪录难于达到。因欲回至跑之合式姿势，须枉费不少时间。运动员能一次得合式之跳法，而存一较深印象于脑际，则以后可从此得法，此乃显然之事实。跑栏常较平跑多费去时间，故在栏上之一步愈快愈好。此点不能不为学者再三声明。

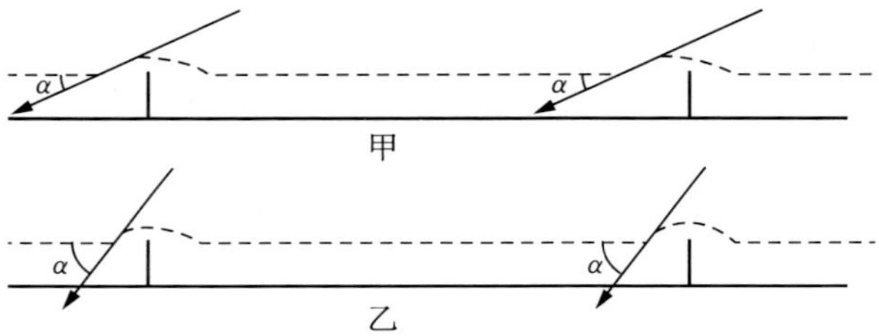

第二十八图　虚线为重心所走之路，箭头表动作后重心受惰性之作用所必至之方向，又为箭与水平线所成之角，此角宜用肋骨之力量减小之，使易回至水平之程度。甲为正确方法，乙则错误。

跳之动作与跑之动作，完全不同。在跳起之时间，活动之肌肉失去用力之机会。反之在跑时，则每步之后，均能立刻用力，故运动员须努力尽量缩短其在栏上之时间。过栏下地太远（如上所述），则前腿之工作，犹机械上之轮制（阻当轮之转动），使向前之动作停滞。此外身体重心在脐下一寸许，所走之路在栏上，愈低愈妙。若身体之重心在栏上太高，则下地时不能快速。因腿离地太远，在空停留之时间太长也。

此外，脚之踏地如太重，则身体向下落太低，欲身体回至跑之合式姿势，须费若干力量。运动员须知跳栏之姿势，逐步有因果的关系，如开始起跳之姿势不合，则落地之姿势亦难对。故开始起跑，务须注意向栏之姿势，使身体在合法之部位。目光须向前直视，射于次一栏上。

第二十九图　高栏跳至栏上之姿势

第三十图　高栏上栏姿势

此人为 Wegener 氏，其跳栏前一步之时，以左臂前举右臂后举，与寻常之跑步同，所谓上一步发源于跑步者也。

第三十一图　高栏在栏上之姿势

此亦系 Wegener 氏，此姿势接二十九图之后。

过栏之时，两臂之动作，亦极重要。有许多跳栏员，在越栏之时，两臂向前平举，其运动足以带身体向前下降，因之在栏上之一步，可以极平，此其利也。但此种方法，非发源于跑之姿势，与他部份之动作不甚调和。并有制止自然流动之弊。臂之正当动作，发源于跑之自然姿势，在身体向栏上之时，臂所以维持下肢动作之平均，与重量之分配也。在过栏之一步中，臂之动作，可以下列方法活动；当摆动之腿（以右腿为例）上举时，反对方向之臂（即左臂）向前举，手指几触脚尖，其举之远度宜如是。该臂既如是远举，上体亦受其带动，而向前深屈，达正当之姿势。不特此也，该臂前举，非特足以与摆动一腿平衡，并能将身体之重量，带到较好之部位。身体在正过栏顶时，该臂(左)用力向后振，以助跳腿速向前进。两臂勿用如平均之竿，宜屈而向后振，于是身体可不在静止之部位。

栏间之空地在短距离(一一〇米高栏)用三步跑完，二百米用七步，四百米用十五步或十七步。是等步伐，须绝对确定，于是可以常用右腿向栏举起，且在栏上一步，常有一定之距离。栏间之步伐，实与栏上一步之成功与否大有关系。在一百十米高栏，由起跑线至第一栏，总计一三、七二米。两栏间之距离为九、一四米。末栏之前至终点线之距离，为一四、二米。栏间各步伐之合式尺寸如下：由栏至第一脚落地之点，一、三〇米左右，继以第一步，长一、九五米。第二第三步同，亦在一、九五米左右，起跳点距栏为二米左右，此各数相加，合计为

第三十二图　下栏之姿势

此亦系 Wegener 氏，右臂豫向后振，左臂已正在前振之姿势，左膝外举。

九、一四米。人们须知各步之间，不能谓无粍糎[①]之相差，但照常规，栏间之第一步，须最短，第二步较长，第三步最长。此外最重要者莫如起跑。起跑不正确，则第一栏之步伐亦不能确定，以后将尚有困难遇到。第一栏上之一步能否成功，全恃起跑后跑之得法与否而定，故起跑与起跑后到第一栏间之步伐，须细心学习。其间平分为七步或九步，起跑之后，如用大步，则七步已足，如起初用小步，则非八步至九步不可。步长与步数之确定，为学者入手之要务。若今七明八，变换不定，则大不可。故一人选定步伐之后，须绝确定。善跳栏者，每次起跑，常立同一之起跑穴中而发。脚万一到第一栏前，脚屡错误，起跑之时，左右脚可换前后之位置。

第三十三图　高栏栏上之各种姿势

右边第一人为 Trossbach 得最后胜利。其右脚切近栏上而过，力量十分经济。左边之第一人右脚举起太高。

训练之方法　习跳栏者，起初须行合法之短跑训练，尤须注意速度。训练始于秋季最好，在春初，每星期作林中短距离跑，大约为二至三粁[②]。每日行体

① “粍”即毫米，旧译。“粍糎”即“毫厘”。

② 千米的旧译。

操，尤宜注重使身体柔，韧关节松缓之动作。此外如篮球队球或手球均可参加。在岁初，练习跳栏与短跑。练习之先，须先暖身。因在跳栏之时，肌肉工作，至为剧烈，非达温暖之境，肌丝必行折断，十分危险。相当之速度练到之后，可将练速度之程序减缩。多用栏之练习。据作者之经验，起初不用栏跳，跑至栏之地位，以跳栏之姿势向空中跳可矣。落地之后，续跑三大步，再行空跳，与在栏间跑三步一跳姿势同。此种练习之目的，所以使学者谙熟三步一跳之方法，而得一定之韵律也。在此练习已稳定以后，可以用器械练习，如跳高架等。继即开始用栏，自起跑穴至第一栏，非为七步即为九步。练若干时日，至式样绝对合法，步数确定为止。但须注意栏上之一步，不可太大。而过栏后落地之距离愈短愈好，此种技术娴熟以后，即开始加用第二栏，经若干时日，韵律达纯熟之境，则用两栏与起跑一起练习，及达十分合法之境，始扫除道面，看每步所踏脚迹。自起跑线至第一栏，中间所跑鞋迹，每次须在同一地位，方得谓之正确。人们可以用多张小纸，置各脚迹之旁，每次跑时，各步均须在该纸之旁踏地。此等练习完全正确以后，方可用多栏练习，但亦至多不可过五六栏。欲研究过栏之方法，宜行更进一步之练习。先用一栏试跳，起初数步慢跑，近栏之两步较快。此种过栏练习，有绝大价值。亦只有技术已精之人能做此种练习，而配做此种练习，俾其技术达完善之境。练过栏之时，速度愈慢，则式样易愈学好，而在比赛之时，过栏愈能快速。用最好之式样，缓慢之速度过栏，为最难之工作，人们不能忽视之。惟技术须达某种程度，才能练习之耳。至在比赛之时，则过栏愈快愈好，不可稍有踌躇也。

跳栏无用策略之余地，起跑之后，即须尽量快速，直达终点。一因最后直冲之道太短，二因韵律失去，速度亦即失去。及三步一栏之韵律失去，欲再回复旧观难矣。结果上栏不稳，速度稍失，遑论得胜。故起跑之后，用最高之速度跑可也。

一人常以高栏练习(如一百十米之高栏)，则跳低栏时，姿势可较好，此为显然之事实。然此种练习，不能颠倒。一人起初练低栏者，后须再练高栏也。

四百米跳栏，固属相同，惟训练之方法，与短跑不同，练栏之外，尚须用四百米跑或八百米跑，以补充之。有时人们用低栏练习，亦无不可，但我尚劝诸位，同时用高栏练习，盖于技术之改进，大有裨益也。

对于技术上之诸要点，再摘要而述之于下：

1. 上栏须快速。

2. 摆动之腿向前摆同反对方向之臂（或双臂）向前摆动，上体向前弯。

3. 上体向前屈，至胸触大腿而止，后腿用力向后蹬地。

4. 上体保持在屈之部位，至少有一臂完全向前振。摆动之一腿向前下快落地，后腿侧举而开张，大腿与栏之顶平行，小腿与之成直角。在此部位，后腿须速向前举。后腿侧展之后，亦须继以向胸部下引，如是则可速回至跑之部位。

5. 摆动之腿在可能范围之内，须常近栏前而落地。上体仍保持向前屈。臂之动作宜用力。蹬地之一腿，以小腿向外向前速引。

6. 栏间三步，须十分用力。

若运动员除练跳栏之外，绝无他项运动，或跑之项目，最好第一年单练跑，照跑之训练程序进行。每日加做柔软体操，万勿间断。此种体操，宜在晚间举行，因朝晨肌肉强硬，有操痛肌肉之虞。动作之选择，专取能松缓股关节，侧张大腿，及前上举大腿等动作。在冬季须从事体操，及球戏（如手球，足球，篮球等）维持寻常体能。

有基础而更求进步者之程序如下：

第一天　跑一圈以暖身体，起跑五次至八次，冲三十至五十米。作跳栏式之跑（不用栏，已如上述），五十至八十米，共三次。两次升速跑三百米，中间休息五分钟。

第二天　跑一圈以暖身，起跑二至三次，冲三十米至五十米。再用摆动式跑一百米。于是三次起跑，用一栏跳。继以三次起跑，用两栏跳。继续以两栏练习，使错误改去。

二百米升速跑

第三天　跑一圈以暖身，起跑二至三次，冲三十米至五十米，再用摆动式跑一百米，步宜轻松。以两栏连起跑练习，共行二至三次。两次用六至八栏练习，中间休息三至五分钟。

一圈慢跑

第四天　一圈慢跑，以暖身体。起跑五至六次，冲三十至五十米。继用全力跑二百米。休息五分钟，再用全力跑一百米。

一圈慢跑

身体之普通练习。宜先做，且须每晚举行。两星期中，可用十二栏跳一次，以练长力。

第三章　田　　赛

第一节　推　铅　球

推铅球与他田径运动同，运动员首须有整个训练之身体。推铅球时，身体上用力之浪，始于脚趾，终于手指。在此二者之间（脚趾与指尖），若肌肉有柔弱之部份，则所掷成绩，即为此柔弱之部份所限制。换言之，即推铅球之远度，不与强大之肌肉之程度为比例，而与柔弱之肌肉为比例。例如链之负担力量，不以粗大之一节为转移，而为最小之一节所限定。推铅球亦如是，若腿与腰臀诸部柔弱，虽臂十分强大，而推之成绩确为脚及腰臀诸部所限制。根据此种理由，推铅球运动员，须有整个平均发达之身体。此外速度一端，亦与推铅球有密切之关系。推之速度愈大，则推之距离愈远。一人单有强壮之肌肉，无放松之习惯与快速之反应，仍属无用。因肌肉愈放松，则球在空中所走之路愈远（即球在屈肘部位之手中，至推出时，球离手间之路也，运动学上之术语为"工作距离"，英文为 Working distance 德文为 Orbeit Zwischen）（参观《运动学》五十三面工作距离一节），于是手球在手中所走之速度愈大，而脱手后球在空中所走之远度愈大。根据此等理由，一运动员欲成推铅球好手，须做准备之室内运动。推铅球之外，亦须能行他种运动。欲腿肌强壮，欲踝关节反抗地面之力量强大，不能不练习跳高，及使用躯干肌肉之项目，如掷铁饼是也。据作者个人意见，此等运动比室内运动为优，因其有兴味也。但欲每日有划一之训练，体操不能不列入训练程序之中。

体操之目的有四种,(一)伸张所有屈肌,(二)加强所有伸肌,(三)放松所有肌肉,(四)做时多变化,且增加做之次数。

第三十四图　推铅之逐步分析姿势

伸张屈肌,至为重要。因推铅球之伸的动作,宜以迅如疾雷之手段施行之,须无丝毫反抗力阻挠于其间。身体上一种短而呈圆形之肌肉(如举重各运动员所有者),对于伸肌有绝大之抵抗力,大部之速度将完全为之抵消,决不能达所希望之结果。此外伸肌强壮,伸肌收缩愈速,则全身向前进愈速,而铅球上所传到之力量亦愈大。上述球在手所走之路愈长(工作距离大),则球走之速度愈快之理,与此理完全一致。以故伸之动作,须绝对充分。虽然伸肌之力量不能从重物上得来,须从较铅球为轻之物体练来。因举重物之时,养成速度慢之习惯,对于推铅球有损也。俯卧撑双臂屈伸之动作,推药球与铅球为合式之活动。

肌肉之放松亦重要。由脚趾起至指尖间,力量波浪之上进,全身肌肉作协合之动作,亦不可有丝毫之反抗力存乎其间。欲达此目的,则肌肉非放松不可。除将升起身体所应用之肌肉收缩外,余须尽量放松,不可有丝毫无谓之紧张。

所有体操之练习,须达极量。若所操之活动量一定,则所操者完全不生效力,因寻常之数量不能刺激肌肉之生长也。

体操须每日行之，已于上述，不但他季如是，即夏天亦须行之。在冬天体操之外，尚须作球戏，用药球做各种动作，并加以每星期一次之林间跑（无森林之地，可至野外跑步），至多跑二粁至二粁半。若一人对于推铅球之技术已熟悉，则此冬天之运动，已足准备其合宜之身体。

至于技术问题，则欲推铅球一项臻善之境，谈何容易。一人如能将推铅球之技术完全做好，对于其身体之运用，必已至纯熟之境。当学习技术之前，一人须明了技术，十分清楚。否则在不知不觉之间养成许多错误，日后难于改去。推铅球之时，立推球圈之内，两足开立，左肩（用右手推时）向推之方向，前脚立圈之中线（即圈之左右径）后一脚之距离。后脚靠近圈边。全身之重量载后腿之上。膝微屈。而微向内倾，其脚向内滚一二十度，故后脚之着力点，全在脚之内边也。在此部位，小腿之方向，与球推出之方向平行。因之身体之动作，亦须向推出之方向进行，犹后脚伸直箭地之动作，与推出之方向平行也。上体微向前弯，胸腹向内引进，背成弓形，臀轴（即臀部之左右径）向推出之方向。执球一边之肩，较他肩为低，故肩之左右径，亦与推出之方向平行。推球之臂十分弯屈，使手得置于颈与肩之中间。肘勿太高，亦勿太低，否则推出之球，非太平，即太高。推出一臂所在之部位能左右推出之方向，故臂之部位，须十分正确。前脚与摆动之臂，须绝对放松，勿太拘束。前腿微屈，与后腿相仿，故两腿适合成X字形。摆动之臂，任意摆动，不加拘束。球执手中勿在掌中，乃在第一指与掌骨之间，大拇指与小指，执球之下方两旁，三中指在球后方。三中指勿可太展开，太开则推出之时将以一指用力，而屈腕之动作不得力矣。故三中指微分开，合行推球之动作。球执手中而停在肩上，以免推前先致肌肉疲，同时又可使臂之肌肉放松。此等部位，须再三反复练习。至十分稳当之境，则推亦可以得法。

以上所述者，为静止之预备姿势，于此则讲前进之方法。在推出之前，推出一边之肩，向后移动，即肩之左右轴，向推出之反对方向而旋转，同时后腿屈更多。是因身体向后旋转，后腿较屈，则球在手中所推之路较长，而用力之机会较多，速度亦大，即推之成绩亦可较高。

第三十五图　推球将终之姿势

此图表明运动之波由脚尖起，已达手指。身体向左扭转，臂腰肩臂各肌肉之力量，已完全用到。腕尚伸直，腕与指之力尚未完全用出。左脚依然着地，阅者注意。

推之动作，由下方而渐及上方。踝关节伸直，速如迅雷，继及膝关节，同时前腿亦伸直，以撑支身体，因身体须上升，使球走正当之路径也。两腿伸直之后，后半臀向前举，此时盆骨之左右轴与肩之左右径成直角（因盆骨向前举而肩保持原来之位置使然也），此后即继以肩之急转而臂亦速如迅雷之急推。此时臂须内转，使掌面向外，而大拇指则托在球下。此种臂内转之动作，十分重要，因球有大拇指支持，不但球不易下落，且所有手指，能同时行工作也。最后屈腕节，球从手指上飞出。在球脱手后，后脚留地上，前脚之向前一小步，不过防止身体前蹶耳。旧法推出之时，加以跳之动作，乃是根本错误。因身体到空中，失去支持之点，身体无从用力。譬如一举石担之人，若将两腿悬于空中，则石担将

第三十六图　球已脱手之姿势

由右脚尖起至右手指几成一直线，伸踝膝股肩肘各关节之肌肉及转体转臂之肌肉之力量均已用出。球已脱手，两脚尚留地上，与两脚跳起之旧法完全不同。

何从举起。推铅球之跳，犹悬脚而举石担，岂非太谬。故推铅球时两脚须着地，然后脚以脚推地，而地之反动力可以影响于推球。此种立于地上之推法，须反复练习，至十分正确与稳定而止。由圈后向前进之动作，开头无甚用处，初学者欲在一月之内，将所有动作学习，以觇其成绩，根本错误，起初宜将推之主要动作，时常练习，觉毫无困难，毫无牵制，方可再求其他。即推之远近，大可不量，专求技术之合法可也。初学者专欲求远，势所不能。求远不得，终致灰心，学者宜澈底了解。要知推之技术，十分之难，一人须经长时期之练习，方能成功，决非一日所能济事。对于立定推出之动作已熟习，于是，学由后前进之方法。前进之方向，当然与推之方向一致，即推之方法，亦是相同。惟在前进之时，身体已在动之状态之中，再加推之动作，所需之协合功夫较立定推球更多。在前进与推之间，不可有丝停顿。前进之动与推之动须联续进行，一气呵成。在前进之中，推球之肩，宜向后转，身体进至正当推球之部位。许多运动员起初跳起，然后再至正当之姿势，实系完全错误。盖如是则前进与推之间，非有停顿不可，而前进中所得之速度完全消失，前进之价值失矣。夫开始速度之需要，因有以下数动作之速度，可以继续增加也。但有时开始之快速，反致不利于他种相加之速度者，则开始之速度不但无益，反致有损矣。以故开始之速度不可太大。速度不大，则由前进与推之间，无阻碍发生。前进之动作，为一简短而快速之平面移动，后脚进至圈之中央，前腿靠圈之前边。前进至双脚下地之时，前腿勿与后腿在一直线上，宜稍左方（以右手推球时）。其时身体之重量，须注意常载在右脚之上，因前进之动作，全由后腿行之也。若身体重量不载该腿之上，则前进终了之时不能达最正当推之姿势。推球圈之直径为二米一三，此圈如是之大，目的使推者有发生较大速度之余地。推球员愈有能力，则愈能利用速度，且愈能加增速度。但初学者不可太快，学成之后。方可渐渐增加。

初学推铅球者，宜多练体操使全体肌肉平均发达，已如上述，惟本书限于篇幅，不选任何动作。至于训练程序，则推铅球不如跑之十分严重。又须知训练之变化极多，不能希望每日多有进步，不能每天多极快乐。盖有时成绩不但无进步，并有退步。有时成绩保持不动，此种现像，实与退步有相同之意义。推球者每星期可行四次至五次之练习，但每天须行技术之训练。至于推之远近，可以不管。其中有一天，可行迅速伸腿之动作，使动作渐向上行。只有最后两三次用全力行整个的推法，但亦须注意技术。在其他诸日，则首须注意臀与肩之动作，同时亦须注意臂腕节及手指等之动作。在第二日可行五至八次之用力推之动作。第三日只练前进之动作，在练习将终了之时，则与推之动联合行之。但勿问其推之远度如何，专留意由前进至推之经过中，有无停顿，有无阻碍可矣。第四日开头重行姿势之训练，在训练将终之时，行十二至十五次之推球，讲究推之效果。第五日为一星期中之末一天，将全体之技术连合一起而练习，但尚不顾及成绩。在纯粹推球练习之外，尚有他项练习须做，例起跑及各种之跳的运动（跳高）。尤以任意将铅球在手中丢接为最有用处。盖此种活动，不但可使腕节强壮，即铅球亦似能生较好之感情，不致见之而畏避也。我（吴蕴瑞自称）对于铅球最无感情故平不喜练习。对于标枪则相反，故标枪之练习，常时举行。人们与运动器具之感情，与练习问题有关系。此外药球之丢接，铁饼之练习，标枪之投射，亦间接可培养推铅球之能力。总之每一推铅球员，其训练须按照可能范围之内，尽量多行变化，以发达其技能与力量。除强壮之肌肉之外，尚有关于推铅球之感情与智慧，不无有附带关系。但欲培成一推铅球名手，则惟赖刻苦之练习而已。

第二节　掷　标　枪

掷标枪称为运动中之难项目，然练习到家，十分优美，合法之一掷，不但观众觉得羡慕，掷者本人亦十分愉快。惟掷枪之技术最难，勤奋之练习绝对需要。一人若无坚忍之志，鲜有不中途放弃，致毫无效果者。初练之时，宜立定练习使身体及四肢之动作，步步正确，至为重要。至掷之动作正确后，于是练前跑之动作，继再与掷出之动作联合。学者往往前跑太快(尤以初学者为然)，最后一步，身体不能到合式之部位，于是掷出之方向不准，掷之动作不稳，当然无良好成绩。不特此也，前跑太快，脚步不易管理，往往易于冲出起跑线，故跑快之弊，甚于跑慢，练习时如取慢步，技术易于正确，掷之动作，易有把握。掷标枪前跑之速度，至快为短跑速度三分之二。与其快跑而弊端百出，宁慢跑而求稳当。

掷枪之技术，各人微有不同，是节所举者，为一种标准之方法，其间可稍有出入，并非谓各人须完全照做也。观近年历国之标枪好手，其成功之要素，首在技术之到家，他如力量体格，则属次要，故将方法详细讨论于下：

一，枪在手之部位　合规则之枪，杆上绕有细绳。大拇指与食指执绳卷后端之杆上，其余如中指无名指及小指等，则松握绳上。故枪身与大拇之掌骨(即拇指之第三节)平行。所有手指，不可紧握，致臂上之肌肉僵硬，牵制掷之动作。此外尚有他种握枪之方法，即枪厕食指与中指之间，大拇指在一边辅助之，无名指与小指在他一边辅助之，故枪上之绳卷，并不为各指所围抱。以上二种，为主要之握枪方法。此外尚有他种变相，无讨论之价值，从略。一适当而平均之标枪，枪之重心在绳卷之中央。枪出之后，枪流之抛物线，由此重心画成。中国所制之枪，绳卷太细，即欧美所制者，卷绳亦不够粗。最好粗半粴($\frac{1}{2}$cm)于是握卷绳后之两指，不致向前滑动，而掷出之时，指上自有用力之余地也。

第三十七图　掷枪姿势

此为展步终了之姿势，右臂开始行掷之动作，右腿开始伸直，但上体仍倾后方。

第三十八图　掷枪姿势

上体已向左转，重量渐移右脚上。此时之肩关节，保持十分伸张之部位，小臂依然向后伸，学者须注意。

二，掷去时之身体与枪之部位　枪之握法，已如上述。其次应注意者，为臂后伸之姿势。臂之后伸，大小臂间系成钝角，并非完全伸直。手向内转，两肩与臂在一直线上，左肩对掷出之方向，视线亦对掷出之方向，万不可视枪之本身。枪前进之方向，与掷之臂及两肩平行，枪尖靠右颊之旁，枪尖与视线取同一方向，左臂轻向前举，绝对放松，万不可有意作任何动作。右腿屈，大小腿成钝角，左脚微提起而伸直，向掷出之方向跨一大步，其落地之点，最好在右脚前之稍左方。因枪掷出之时，身体易于转动也。身体须完全放松，支于右腿之上，微向前倾，胸与腹微向后缩，两肩微向前突出，德人称为猫背之姿势，真能抽写净尽。盖身体完全放松，自然之姿态也。若胸挺起，背上之肌肉收缩则误矣。掷之动作，始于右脚。右踝关伸直，膝股两关节随之伸直。此等伸之动作，速度宜大，于是上体自然向掷出之方向前进。枪掷出而流动之抛线，不可太平。欲免此弊，在右腿之踝膝股三关节伸直时，以左腿取反对掷出之方向，于是身体抬起。

第三十九图　掷枪姿势

运动之波，已由脚尖上升至胸，故胸部十分挺直。身体重量已移左脚上，但小臂依然后伸，因运动之波尚未传到手上也。

此种动作，在力学上极有根据，即右腿动作向前，左腿动作之力向上，二者之合力前上之方向，与枪掷出之方向完全一致。两腿及两股关节伸直以后。盆骨转动，至盆骨之轴与掷出之方向平行而止。盆骨转动，肩亦随之，终至盆轴与肩轴平行。二者均与掷出之方向成直角。

三，手之动作　臂之动作，与鞭笞之动作相仿。最宜注意者，肘弯须常保持在枪下之部位，而手则常在肘节之后（参观《运动学》一百七十三面第一百五十四图）。此外手掷出之路径，须走右耳之上经过。枪身不可倾斜，否则掷之力量消失，掷之全局破坏。用简单物理说明，可以十分明了。即掷之动作，始于踝关节之伸直，继以伸膝股两关节，续以身体之动作，上股之动作。如是层层增加，至手指之力为止，正合力学上加速度之理。故最后手指掷出之速度，实为各速度之和。若掷之动作太快，各部动作不能完全做到，则必有一部份之力量遗弃。因之全局受其影响。

四，跑之方法　跑之距离，大概为十五米至二十米。速度以其短跑速度之三分之二为限。跑之姿势须流动而放松。万不可有丝毫呆板之肌肉活动。跑之速度，初慢后快，亦须合加速度之意味。跑不难，跑与掷二动作之联合实难，而跑之有练习之价值亦在此。学者须经长久之时间勤奋之学习，方能学成。跑与掷二动作不能联合，则跑之速度完全消失，跑之价值亦完全失去。跑之价值，在变跑之速度为掷出之速度，其方法完全在最后数步之跑法，作者感吾国标枪成绩之幼稚，知跑之不合法，亦是其一因，爰详细分析之。

掷之动作，始于跑时之以枪后伸（右臂）。枪后伸之动作，始于左脚落地，更在后两步中，继续向后进行。前后在三步（左，右，左）间。须将枪带至起掷之部位。此外在三步间，将身体向右转四分之一周，故掷者不以胸对掷出之方向，而以左肩对之也。至第三步终了时，身体已到掷出之部位，实际上可以掷出，然而尚不掷者，盖有故焉。三步之中，枪向后伸，枪有负的速度，至三步终了之时，枪在静止之状态中，尚未得向前之速度，故必须再跑两步，于是枪向前之速度，能失而复得。此时胸已向右转四分之一，欲行寻常自然之步伐，势已不能，故只能行换步式之交叉腾步（右脚在左脚前，右脚在左脚后腾步虽较易，而所到部位

第四十图　掷枪姿势

运动之波已达手指之上，枪将离手。全身之力已集中手上。枪未脱手之前，左脚不离地。

方向改变，故不足取）。交叉腾步后，继行展步（Spreizschritt）一步（左脚）。第五步之后，随即继以掷之动作，第四五两步之间，枪得相当之速度，此后随以极短时间之停止，使心专注于掷之动作。实地练习之时，宜注意三点：（一）一二三三步，须用心注意，同时默数，（二）枪渐渐向后伸，（三）身体向右转四分之一至向右之部位。但此时欲用心掷出，势有所不能，故须再跑两步（第四第五步），一方脑中可以预备掷出之动作，一方使枪得向前之速度。行展步（第五步）以后，即随以掷出之动作，尚有数点详述如下：

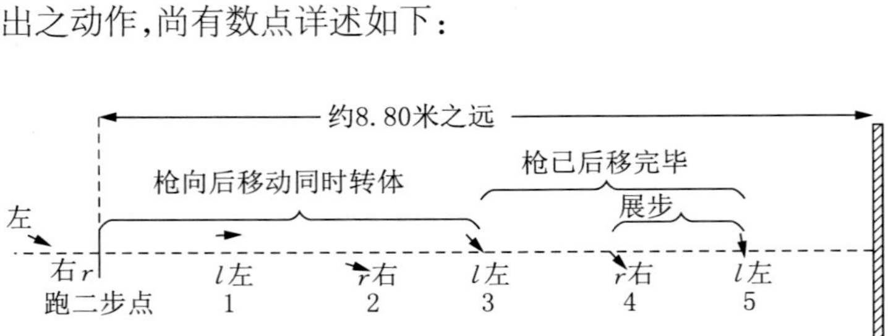

第四十一图　掷枪之最后五步计划

按以上一图，人们可照以下之步骤练习，先跑较短之距离，约八至十二米，以右脚踏记号上（即五步开头之记号），于是左脚向前一步，即将枪徐徐后伸，同时身体向右转四分之一，二者须在此三步间完全做成，继行交叉腾步一步。因格于身体之部位，此步较寻常步为短，最后展步须十分用力，但勿太大，因使身体之高度减低也。但又不能太小，因左脚撑支之力量失去也。掷时身体若直向前进，毫不停顿，结果枪流之曲线太平，且易冲过起掷线掷出之后，身体宜停住向前之动作，以免冲过起掷线。

第四十二图　枪掷出后之姿势

枪已脱手，右臂因惰性之作用而向下降，身体向前倾出，因腹肌用力为之也。

在五步之内，所有动作，均带推进之性，虽亦向前跑，不能看作跑之动作。

五步之跑法,已如上述,为全世界掷枪好手统用,毫不变更。按吾侪之经验,初学者能将此五步之跑法学到,在极短时期之内,即能远掷数米。至于跑之距离,犹右脚落地点(即五步前一步之右脚落地点)之离起掷线,其长度须刻定,任何掷枪者,皆须一定之起跑点。经多次之试验,求得其正确之距离。普通为八至十米,以右脚立于此起跑点,以起跑。再三练习,至右脚正落右脚落地点而止。此后练习最后五步,将五步之大小完全确定,然后求得其掷出之线,此线与右脚落地点之距离,即为五步间之距离可矣。此种刻定之步点距离,比赛时至为重要。

掷标枪者不必有高大之身体,轻而有中等身材者,亦能有极好之成绩。惟最需要者为肌肉放松与伸长,相当之体操球戏及跑跳等运动,亦十分需要。

第三节 掷铁饼

掷铁饼为一种古代运动。吾人多知古时希腊提倡掷铁饼一项,至为热烈,宜其占屋林毕克运动会中,卓越之地位也。吾人若推想此运动之技术与认视,其掷出时之优美之姿势则希腊人之所以爱练习此运动之理由,亦可以了解矣。掷铁饼与推铅球同,惟有刻苦之练习,乃能成功。惟前者需要身体之管理力量,尤其丰富,因转之动作甚快,掷之动作继转动而起也。虽然掷铁饼好手,决不因转动而至不利之部位。转之速度,不论如何之大,而身体则须在最便利之部位。欲有此种控制之能力,则对于身体,非有极大之管理力量不可,对于肌肉,则非有锐敏之肌肉感觉不可。故在实际掷饼之前,一人须有此等之基本训练。体操实为一种良好工具。欲练掷铁饼者,秋天开始练体操,经秋冬两季,则体魄可以练好,及春天到运动场上,身体可以动作自如。至于体操动作与推铅球之动作相仿。在练掷铁饼之前至少须将躯干上之肌肉练强。体操之外,药球及他种球类,亦宜同时从事。体操不但在冬季宜练习,即在夏季亦宜照常进行。据吾个人(步起自称)之经验,掷铁饼用之体操动作,其变化与推铅球中之动作同。

以下吾侪拟论掷铁饼之技术。掷铁饼之动作与他种技术相仿,各人皆有其细微之异点,此书所举者为普通之方法,有数种主要之方法如下:

一,掷之动作　掷之动作始于屈股膝踝三关节,继以放松,终于伸直。伸之动作须十分完全,始于脚,继以膝股两关节及胸,终于手指之拨动。至伸之动作完全之时,铁饼始行脱手。若手放铁饼太早,则饼出太平,同时身体上之力量不能完全加于其上,结果饼出不远。故伸之动作,循正当之路径(即始终伸脚速向身体上前进),最有关系。且须知最大之速度在手指上也。掷铁饼之部位,实与铁球标枪相仿,所异者臂与手执器具之式样不同耳。右脚与掷出之方向成直正交,而以其内边着地上。小腿指掷出之方向(两腿成 X 字形)身体之左边对掷出之方向,左脚立左后方(左右脚间连成之线不与圈之前后径平行,左脚在前后径之左方),以便易于转体也。身体之重量载右脚上,胸腹微向后引进。两肩放松悬肩关节上。右臂亦同样松悬于体旁,手指轻轻张开,饼停第一指骨之上,第一指节不可包围饼边,因身体转动之时,离心力压手掌,饼亦无可脱手之能,若手指握饼,则臂上之肌肉僵硬结果掷之动作受不良之影响。左臂微弯,微高举不可作有意之摆动,因在同一时间,决无一心二用之可能也。在掷之前,执饼之臂作一二次放松振动,至觉饼在正常之姿势时,则作一二次向掷出方向之放松摆动(不可太快)等高于肩,俟摆回至身体之后方时,始做伸脚之动作。此动作向身体上流动,渐渐加快。此时饼尚留在身体后方,万不可将铁饼带至体前,左腿与右腿同时伸直,所以使饼走之路不至于太平也。盖伸右腿之动作,所以使身体向掷出之方向而进,若右腿不伸直以撑支之,足使掷出之方向太平,致身体向前倾出。故左右两腿须同时伸直。盖右腿之力向前,左腿之力向上,其合力则向前上,正当用力之方向得矣。身体转动之后,右脚之前后径,与掷出之方向成直角。右肩先向左扭转,于是右肩立即向掷出之方向转动,其时右臂尚在后方。至右肩向前之时,始继以右臂向前摔动之动作。盖肩之转动,臂上受相当之速度,加以右臂由下后向前上之摔动,即原有之力,再加之他一力也。至手达最高之部位,手即将饼放去,此时身体全部宜伸直,右臂对掷出之方向(起初未掷之姿势,以右臂及左肩对此方向),饼未脱手之前,右脚不可离地。若饼在手中时,右脚即离地，则施力之支点，即因之失去。夫饼之本身重量不小，常有惰性反抗吾人所做之动作。在右臂由后下方向前上掷之时间之内，饼时显其惰性作用，须有相当之用力机会。反抗饼之惰性，使向前上飞出。右脚如从早提起，摔臂之中途。即失用力之支点，故饼在手中之时间，右脚须同时留踏地上，使力常得施于饼上。吾人可定出一掷重运动之公式，即不论标枪，铅球，或铁饼，器具未脱手时，右脚不可离地，此条实为掷重之重要条件。

第四十三图　旋转姿势

此为旋转将终了前之姿势，饼远举身体后方所以使工作距离增大也。右脚以脚尖地，所以便于旋转也。右踝膝股之关节均在屈之部位，所以预备有用力伸直之余地。面向左转，引导转体之动作。

第四十四图　正在掷出之姿势

右踝膝股三关节已伸直，头向左后仰，胸已挺出，正在用转体摔臂之动作也。左臂举起，在自然之部位，以平均右手，并不有意作任何动作。

第四十五图　波形摆动式之掷铁饼姿势

二，转之动作　掷铁饼之转动，犹标枪铅球之前进动作。但初学者往往以全身之力量，极大之速度，用之于转之动作，实属错误之至。学者须模仿掷标枪与跳远者之开始徐徐练习，否则掷之正当姿势不易学得而力亦无从加起矣。不特此也，转太急方向无从认知，掷之动作，一无把握。故转动宜慢，速度渐渐加增。正当之转动极难，因与直跑不同也。快速之转动，同时又能认定方向，事实上较为困难。初学者开始练习之时，先在地上划一白线表明饼圈之直径长二米四十五。以右脚取与线成直角之方向，立于线之一端。左脚立右脚之旁，离四十五糎，轻踏线上，重量在右脚上，左肩向掷出之方向。于是开始作摆动之动作。注意勿太快，摆动至多不得过两次，其目的为使静止之铁饼，至运动之状态中。及饼振至后方，于是预备转体。臂与饼绝对留身体之后方。先以左脚为中心转半圈，至右肩向掷出之部位。此时两脚须在直线上，于是以右脚为中心，再转半圈，回至以左肩向掷出方向之部位。此时左脚过分扭转，同时绕一大步，所以使掷之部位适当。旋转终了之时，最宜注意者，为回至掷出部位，否则整个转动，价值消失。转动之时，脚宜着地，不可有丝毫跳动之动作。转体之时，执饼之手，可走波线(参观《运动学》一八二面第一六〇图及一八三面第一六二图)，因在此种动作中饼在后方走较长之路，其速度亦较大，而身体可不必快转也。

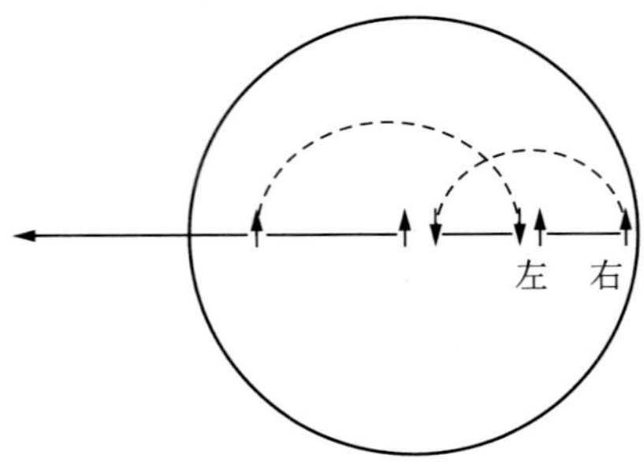

第四十六图　旋转时脚之部位图

掷出之时，波线所走之路，由上向下，与球出之方向一致。当转末足落地之时，左脚所踏之部位，不可切圈边，因饼掷出之后，右脚有向前跨出之倾向，应留余地。若左脚切圈边而立，则掷出之后非踏圈外不可，转时宜注意。

在旋转之时，宜注意身体之重量之支持。先由右脚而移至左脚，继由左脚而移至右脚，动作之简单如旋转，而其难亦有如是者。惟有徐徐之练习，忍耐之学习，足以到家。第一步练转动之时，手勿执饼。当转动学好之后，再执饼练习，欲转之动作收效，转之动作须向掷出之方向，是无问题。但有时往往向偏斜者，大部由于旋转太快，并缺少练习故也。

铁饼之学习与训练，作者主张与掷标枪及推铅球同法。惟掷铁饼者在掷标枪推铅球之外，宜加练习跑(短距离)跳及各种球戏等运动。

第四节 跳　远

学跳远之前，首须知跳之外，同时宜有短跑之训练。只有跳之力量，而无跑之速度，成绩决难出色。不观夫跳高好手乎，其跳远成绩不过中等，反之许多短跑好手，跳远成绩，每多卓绝，可以证明。造成世界成绩者，如 Hubbard, Ham 及 Cator 诸氏，百米跑之成绩，皆为十秒五。一人具有速度与跳之力量，加以体格适当，由跑而至跳之转换方法合式，鲜有不见极大之进步，而造成极好之成绩者。

对于技术一层，本书只举其正当之路径。而腿在空中取跑式，取悬挂式，或在空中作挺胸式，完全无关系。因身体已离地之后，无法使之再增加其身体在空中流动之速度也。故跳远技术中最重要之点，在达板上之，时作极有力之跳动，使身体腾起甚高，有远流之机会，两腿有活动之余地。欲达此目的，并非专将腿举起所能济事，须将头高升。于是头所走之曲线较高，身体在空中之时间得长，身体可以远流。至于跳起后腿之动作，可以随意，已如上述。惟分外重要者，在落地前之两腿向前伸，同时身体亦须向前倾。脚下地之时，膝关节须屈而放松，因腿僵硬而下落，身体必向后倾倒，此为必然之物理作用。腿在放松之状态中，则落地之时，有退让之力量，若脚落地之时，两腿僵直，身体向前流动之速度，与脚同时停止，然而当时身体之重心在脚之后方，焉得不向后倒。

第四十七图　跳远正跳起后之姿势

此人以右脚蹬地，其脚底向上，大腿后举，表明股膝踝三关节十分用力。两手上举，带身体之重心上升。

向前跑之方法　跑之重要，至少与跳相等。运动员之跑跳两端能完全合法者，成绩必大有可观。跑时身体宜放松而流动，尤其在起跳前之最后数步，勿用力跑，使心意专注于起跳之上。若末后数步尚用力前跑，非踏跳板不准，即跳不得法。跑之距离，以普通三十至四十米为度。为起跳绝对稳当起见，在道上须有步点记号。譬如一人跑三十五米之远，步点宜在十七米半之处(跑程之中点)。若此人之以左脚跳起，则应以右脚踏此步点上，反之以右脚起跳，则以左脚踏此步点上。开始跑时步伐放松，渐加速度，同时注意步点，务将右脚踏步点之上。因便于正踏起见，可请同伴，从旁观察右脚是否正踏步点之上。此后继续向前跑，左脚是否踏在板上，勿加注意。惟须有他一同伴，从旁清看踏板情形。若十七米半线未踏到，可将三十五米之开始步点前后移动。其移动之多少，视右脚离十七米半步点，前后距离多少而定。再三试跳，终能正踏此步点。此后更请一同伴立于跳板侧(假定此时十七米半步点已十分正踏)，观左脚踏板上前后相差几何。视其前后所差之数，将三十五米开始及十七米半步点前后移动至左脚正踏板上为止。一跳远好手，到板之前，视线决不向板，决不换脚。至十七米半步点不能正踏时，则立刻停止，再跳第二次。因比赛时有丝毫之过板，即作跳一次。人们须知跳之训练，非如是简单。须再三复习，至步点正踏而止。在比赛之时，一人步点不正，无法在他道上练习。故步点不对，成绩永远难好。向前跑时身体放松，速度渐渐加快，大约过第二步点（十七米半），时则达最高之速度。在跳前之三五步，须放松而用摆式跑。即最后数步，随势前冲，毫不加力，惟不可使速度减慢。在比赛步之中，一心注意跳之动作，在跳之时，跳脚在身体前方踏地，用全脚从跳板上滚过，愈长愈好。跳起之后，跳脚松悬体下，同时他脚向前上举。两臂须助跳之动作，即右臂后上举。左臂前上举是也。跳时最好用特殊之跳鞋，根上有钉。

第四十八图　跳远姿势

此为跳远已过最高点之姿势，两臂正向振，两小腿触胸，正拟向前伸。

训练跳远员，须面面顾到。在训练之前，犹比赛之前，身体须充分温暖。跳远运动员之训练，最好与短跑员同时举行。除短距离之外，训练程序中，尚须含有跳高，推铅球，掷标枪或铁饼，及他种自然之特别跳之训练。关于特别跳之训练,并非每日下午从跳之动作,以求成绩之进步。应从十五到二十米之处轻轻前跑,行上跳及下地之动作,以求各部动作之到家。如是练习,则第一下午之训练,虽跳十五至二十次,肌肉不使用过度而致困倦。第二下午专练前跳之动作,注意正踏步点。因跑之速度,时有增减,而步伐之长短亦时有出入。于是步点不能正踏。至第三下午,则行数次轻跳,继用全力做各种跳法,终行前跑与跳之动作。一星期间,跳之练习,过于三日,作者极不赞同,因骨与肌肉难以应其要求也。在第四第五两日可用铅球铁饼或标枪练习,以资娱乐。练跳之三天,勿继相排列。最好第二第三日两下午,与无跳之练习之日相间排列。在第二星期,最好练习长距离跑四百米至六百米,以得长力。每日晚宜行体操,注意关节松缓及快速之动作。在冬天则从事球戏。

第四十九图　跳远姿势

此为跳远过最高点之姿势,两臂正向下后举,两小腿正拟向前伸。

第五节 跳 高

不论何项田径运动，身体须有基本之普通训练，跳高亦然。故一跳高员每日专练跳高，不能成功。跳高之外，须从事田径运动之普通练习。对于变化多端之柔软体操，每日尤宜注意操练。身体弹力之操练，最好用跑及掷(铁饼标枪)之动作操练。体操之动作，宜注意轻快，首宜使肌肉伸长，次宜使肌肉放松。一跳高员，身体各部天生之比例，须适当，如弹力等，宜有极好之遗传。否则技术难学习到家，不能造特殊之成绩，跳高之训练，不可过分。过分则身体之弹力减退，柔软之模样受损。有人谓身体柔软，除例外之跳高员外，非人人必须者。故开始之训练，如短跑，丢掷动作，以及轻微之体操，有极大之帮助，非常常从事操练不可。尤其是推铅球，对于跳高之运动，极有补助。

第五十图 剪刀式跳高之逐步分析姿势

作者反复声明跳或跑之式样，不能各人相同，即不能以一种式样，强人学得绝对一样。因初学之跳高员，各有其个性也。不论何人，其体内必有一组肌肉，特别发达完全。合于其个性之活泼。故每人可选其最合式运动。以此类推，所有跳高员,亦可选其自己最合式之式样练习。但所谓式样者,大段皆不悖力学之定理。至于各人未加训练之天然劣等式样,则亦何尝可称之为式。当式样未臻完美之境,宜勤恳练习,使渐渐改良达完美及固定之境而后已。

今世著名之跳高式样有两种,滚式(或称 Western Style)及剪刀式(或称 Eastern Style),德人称 Scherenstel 根本与运动学所称剪绞式(Scissors Style)不同,运动学所称直跑式即系此式。但直跑式之名不妥以后宜改为剪刀式或东方式。前者以靠竹竿之脚跳,后者以靠竹竿之腿踢起,以外方之一脚跳,此其异点也。从表面看来,莫不以滚式为较优,因用滚式而成名家者,有 Beeson 及 Osbone 也。用剪刀式者,杰出之人才无多。但简单而自然则过之。Torilio 用简单之剪刀式过两米之高。一九二八年,在阿姆斯脱屯(Amsterdam)第九次世界运动会中,用滚式者,皆未得胜第一第二第三,皆用纯粹之剪刀式。据作者之意见,不赞成用滚式。因有时冒险前跑,能以头先过竹竿,且转体之时,有人用臂压竹竿。使勿从架上下落。两种方法,美国运动会中,早已宣布,作犯规论。故本书中专述,剪刀左之方法,滚式从略。

第五十一图　跳高姿势

身体卧倒转体,以免臀部触横竿。左腿在平举之部位,将从右腿之下横竿之上掠过。左臂垂横竿之前,将继作侧上举之动作以免左臂触竿。

假定一人以左脚跳，则跳时身体之姿势，与身体之上腾大有关系，宜特别注意，起跳之时，跳腿微在体前撑地，所以使身体之重心至合式之部位，有合式之动作，即所谓重心向竿上平过是也，但脚不可远向体前踏出，因身体上举之动作受其阻挠，身体因之不得从竿上横过，必致触竿下落，跳腿勿过屈，太屈，则肌肉之力量不能完全用出，而身体上升之速度，无法加大，学者须知田径运动中之快速度动作，皆由成钝角之肢体而来。跳起之时，身体放松而自由，目光向竹竿，右腿（或摆动之腿）对竿上踢，此种动作，足以将身体上提，至于两臂之动作，则专以襄助身体上腾为主（即左臂前上振右臂后外振）。跳起之后，跳腿轻悬体下，当右腿达竿之时，行过竿之动作，并继以外展内转之动作。但此右腿不可垂直向下展，宜与水平面成十五度之角而展开，换言之，即右腿非直接由竿后下振，乃向砂坑之中央摆去也。当右腿作此动作时。左腿保持轻悬于体下之姿势，若跳起之后，跳腿即向上提，绝对错误。因身体之管理，完全失去，而剪刀式

第五十二图　跳高姿势

此图面与胸已转至向地面之部位。臀正向右转，左腿将从横竿上掠过。而臂已举至身之后方，可不致触落横竿。

之姿势，亦因之消失。当右腿向竿之侧方下斜降时，左腿即向上举而过竿。右腿之不垂直向下，足以使胸易向竿扭转，以免臀部之触竿，右腿过竿之后，尽力行外展与内转之动作，臀得随之有合式之高举，过竿之时，可十分稳当，永无触竿之危险，跳过后落地，常在跳脚(左脚)之上。

前跑宜轻松，跑之距离，长短，无甚关系，寻常用十米至十五米，但前跑之距离，须精确测量，前跑之时，开头宜轻松，及近竿，则渐渐加快，但不可有丝毫之紧张，身体上之情形，适与跳远同，跑时眼光对竹竿。起跳之点，与竿之距离，随高度之上升而增加，故起跑之点，固定在一处者，作者以为不合法。

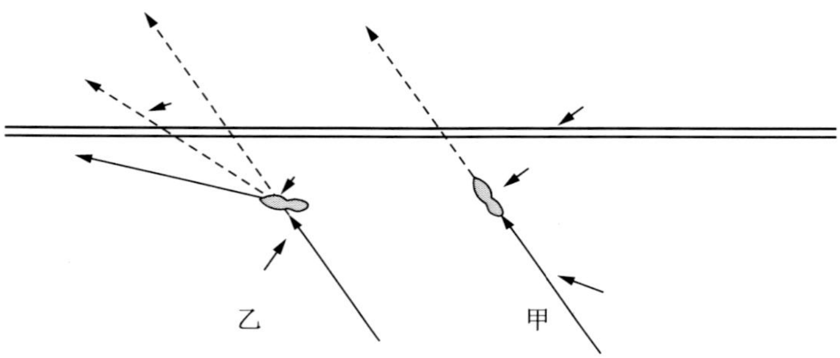

第五十三图　甲为蹬地时，脚在合理部位，其杠杆长。乙为不合理之部位其杠杆短。

在跳起之时须努力向上高腾，作者常见跳高者，起跳之时，即开始应用技术，此与起跳实有妨碍，因正当之跳起在先，技术之应用在后也。

跳腿之脚，踏地之方向，须与跑之方向平行。向前跑之方向与竿所成之角度几何，却无一定，人们能取与竿成八十度之角前跑，即再取较锐之角前跑，亦无不可，虽然不可小于四十五度，因人在竿上所走之路太长，而所走之路太平，臀部易于碰去竹竿也。

寻常训练之时，不必跳太高，取适中之高度已足，每次试跳之时，留心各部姿势，此种练习方法，所以节省跳腿之肌力，保护肌肉之折断，即训练肌肉之感觉一层，亦较每次求跳极高时为善也。为克除怕高之心起见。每星期可试最高之尺寸两次，一旦最高之尺寸过去，则降下五糎，续跳五六次，使臻稳固之境，且怕高之心，亦可从此免除。

跳高员在各季宜练跳绳球戏，以足球为最好。

第六节 撑 竿 跳 高

撑竿跳高，为最优美之项目，但亦为最难学习之项目，初学撑竿跳者，未有训练之前，即在跑道上练习，作者绝端反对，第一其身体宜先行训练，至少经两年之久，方能准备充足。不论跑跳体操器械运动(单杠)须同样热心练习，只有继续不断的恒心，细心之研究，可以有良好结果。撑竿一跳项，技术与身体之结构并重，此外个人之勇敢决断之能力，各部之肌力，亦属重要，作者见许多撑竿跳员，其身体适合于撑竿跳运动但过一定之高度后，不能再有进步者，此非由于技术之未到，乃由于力量之不足，不论何种运动，总不出于三种要素，(一)体格成身材，(二)技术，(三)力量速度勇敢等。跳高技术之训练，在使最少之力量，达最大之效果。故运动员须细心努力学习，若学撑竿跳之前，身体无充分之训练，在极短时间之后，必致中途抛弃，无他，身体不能应其要求也。身体有相当之训练后，撑竿跳之成绩，可迅速进步，心中愉快，而练习亦可有永远继续之希望。

撑竿跳一项目，适宜之竹竿为第一要件，宜注意选择，竹竿宜轻长，有丰富之弹力，短而粗壮之竹竿，绝对不适用，有谓竹竿短者，易于举起，此固一定理。然较长之竹竿，向前跑时，易于平均，因较长之竹竿，有若干之长度突出于体后，其重量易于分配，因之跑时不受束缚，而起跳之动作，亦得顺利。若用较短之竹竿，跑时身体不得不向后仰，不但跑不得快且有危险。

在未跳之前，先宜知竹竿之性质，据作者之意见，最好到跑道上，行持竿轻跑一二圈，须觉竹竿在手中，甚为轻便，然后跑时不致有障碍之弊。一人以左脚跳者，竹竿必执于身体之右旁，以右脚跳者，则竹竿执于身体之左旁，执竿之时，右臂向体后伸，向内转，手执竿之下面，即大母指在上方而外指，其余诸指，则托竿于下方也，左手从身体前方执竿，而置竿之上面。大母指在内面，其余诸指在竿上向外方，握竿勿太紧，致小臂之肌肉紧张，跳者之胸膛，与横竿(跳高架上之竿)成直角，使前跑时之身体在自然之部位。

第五十四图　撑竿跳高持竿前跑之姿势

撑竿跳之前跑，须与跳远三级跳远同，轻松而快，不可多用力量，因跑时用力，起跳之时即有分外之困倦，使跳之全体，无良好之结果。低跳之时，若前跑用力，则高跳时，即无力可用矣，成绩与速度须为正比，愈高须愈速前跑之费力，非由竹竿太短，即竿本身太重，前节所以提及勿太短者，即此意也。跳者须熟悉竹竿之性质，亦即此意也。撑竿跳员须常用一定之竹竿练习，比赛时应带入场中，倘临协换他竿，则身体之姿势，步伐之长短，皆因之改变。而跳亦不得法矣。跑之距离宜常一定，有时亦可设第二第三步点，此外之步点，常因跳之高度而向

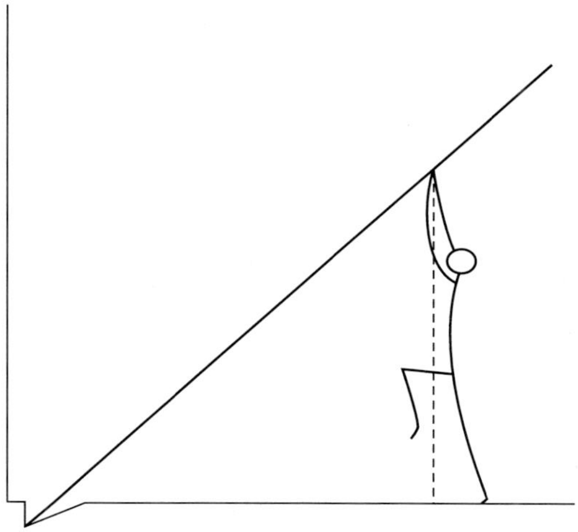

第五十五图　此为合式之起跳姿势，握手之点之正射影，在起跳点之后。

第五十六图　持竿，滑手，举臂，插洞。跳起及摆动之姿势

至跳之末第二步，左手松握，向上流滑，与右手相接近。两臂已由体侧持竿之部位，向前上举，高过头顶。蹬地之一脚(左)已踏地上，两臂已高举。跳腿(左)已用力伸直，继以全身挺直，向上摆动。

后移动，但其各步点间之距离仍不变，撑竿跳之第一跳点，与起跳点离四十五至四十米。或四十二米。其确实之数，宜由训练得来，一人之技术当未及完善之境。勿尽力前跑，宜注意轻松，俾得跳之技术，可以善事练习，尤宜注意起跳之点在适当之地位。盖起跳之得法，则跳起之成绩自亦增加。跳者插竿于穴中，

第五十七图　撑竿跳高引体向上至最高点之姿势

此人臂力腹肌十分强壮，故能引体到此程度，最可注意者脚上升，与竿接近，足见身体已至倒立之部位。

第五十八图　舍手前之姿势

两臂上举，握竿合法。身体在倾斜之部位。由手握竿之处，作一垂直线，在地上得其正射影。起跳时，脚宜踏此射影之后，然后跳起方有良好之摆动。

撑竿跳之起跳，并非跃起乃向上作一跑步之动作也。身体不可立即向上举起，身体宜伸直，悬竹竿之下，如一摆然，而行向前向上之摆动，故身体愈伸直愈好（参观《运动学》一百六十面及一百六十一面）。按力学上摆之定理，重心愈低，则竹竿愈易举至垂直之部位。且摆愈长（指身体之垂直），则摆至倒立之部位愈易。故引体之动作，至脚举至与手等高时，才能开始举行，因在此部位（脚

第五十九图　正舍手后之姿势

此图为跳至最高成绩之姿势，身体在倒立之部位放手，惟在此图中，身体已下倒耳。

与手等高）之前，尚有摆动之力也，太早则失去矣。臂之收缩，方向向后，在收缩将完之时，即继以转体之动作。故胸得向横竿，引体与转体完全之后，随即继以伸臂及伸腿之动作。若此动作缺少，身体即向横竿前进而打去之。惟伸臂之动作不可太早，须俟两腿过横竿之后而下降时行之。两手不可同时离竹竿，宜将下一手先离竿，然后将该手上振，于是可再用他一手推竿，终则将该手向上振，以免打去横竿。此种离竿之方法，有两种利益：一可多得数糎之高度，二可防止竹竿打去横竿。此后身体即过横竿而下落，宜以最好之式样下地，身体放松，脚触地时，任上体下降。作者尚有一点宜补述者，即插洞起跑之时，下方一手向上溜滑，因之摆动自然，倒立容易，因两手靠近为之也。

平均之训练，作者主张短距离，至六十米跑，所以练长力也。此外练掷铅球，掷铁饼，掷标枪，跳之项目单杠等。体操亦在不可忽视之列。

第六十图　舍手后之姿势

第七节　三 级 跳 远

三级跳远之在运动项目中，亦渐渐失其地位，因愿练习此项运动者，日趋减少。世界上一般运动员所以不愿练习者，有极大原因在，跳时所用之关节与肌肉，踵与髁关节为各项运动所用之重要器官，而三级跳远能在极短时间之内，使之受伤而不堪收拾。此种毁伤肢体之项目，谁不畏避。例如东邻之三级跳远名家，织田干雄(Ota)练习之时，在髁节之上，迄今尚须用绷带，德美两国，三级跳远早已屏诸运动程序之外。世界运动会中,尚有此项目,但其废除之期亦不远矣。故作者主张以三级跳远为副的训练项目。

一初学运动者,开始即练习三级跳远,结果恶劣。据作者之经验,初学三级跳者,多数下肢受伤,致不能行他项运动。因跳时要求额外腿与肌力也。故初学者宜多练推铅球跳远及跳高等,其训练之功用一也。

前跑之方法同跳远,但最后一步点不可太近跳板。第一跳不可太远,远则脚在身体之前落地,则跳之方向与前跳之方向相反,身体之前向速度甚受影响。若第一步适宜,则前进速度不致减小,且因落地时,重力之下降,膝可少屈,(太远则膝伸直)身体在合式之姿势中,而第二跳尚可有力。学者不可在每次跳时,一味求远,致影响全体成绩。第一步适宜,则身体前进之速度可保持第二第三两跳,亦得有相当之速度。第三跳落地之方法,与跳远同。依作者之主张,此项目根本方法须改良,即第一跳用左脚,第二跳用右脚,第三跳再用左脚。《运动学》一五三面所举之德国式三级跳远(Step, step and jump),觉较合生理。现今所用之方式第一第二两跳,专用左脚,而第三跳始用右脚,不免过用左脚之力量。

三级跳远训练不可太多,因易伤跳之肌肉及关节也。作者主张每星期练习一次,其余诸日,宜练短跑,掷铁饼,推铅球,及跳远等,专使肌肉有弹力而强壮。